シン・ファイヤー

稲垣えみ子、大原扁理

万年書房

はじめに ～すべての人に「ファイヤー」を～

この本のタイトルは「シン・ファイヤー」なわけですが、「シン（新？ 真？）」もなにもファイヤーって何？ って人もいると思いますので、まずはそこから説明しますね。

ファイヤーと言っても火事ではなく。正確にはＦＩＲＥ《ファイア》。「Financial Independence, Retire Early」を略した造語で、直訳すると「経済的に自立して早期リタイア」となる。定年を待たずに引退し、あとは好きなように暮らすライフスタイルのことなんだそうです。

なんて聞くと、そんなことは若き成功者とか、遺産が転がり込んできた人とかの話でしょ、と思われそうですが、そうじゃないところがＦＩＲＥのミソ。普通の人でも計画的に金融投資をすれば現実に達成可能と、アメリカでそのノウハウを記した本がベストセラーになり、その後日本でも若い世代を中心に関心を集めるようになったんだとか。

で、私イナガキもうっすらそのブームのことは聞いておりました。
でも実は、あんまり良いイメージを持っていなかったんですよね。

だって人生に疲れた中年ならともかく、人生これからな若者がいきなり早期退職を目指すってどうなんだと。なんというか……自分さえ良けりゃいいのか？

だって仕事をするのはもちろんお金を稼ぐためではあるけれど、それだけじゃない。みんなが仕事をすることで世の中は成り立っているんです。綺麗事と言われるかもしれないが、仕事って支え合い。人とは支え合って生きていくものじゃないですか。世の中がどれほど生きづらいとしても、そのひどい世の中を置いてけぼりにして自分だけ夢のリタイア生活って、なんか、なんか……「冷たいよっ」と思わずにいられなかったんです。

なのでこのたび、そんな風潮に物申したくてこのテーマでの対談を提案したのでした。一抜けはいかんと。そんな一抜けの先に本当のシアワセはないんだと。みんな踏ん張って地道に生きようじゃないかと。そんな話がしたかったんですよね。

でも対談にあたって実際にFIRE本を読み、大原扁理さんという世代も境遇もまったく違う方の話に耳を傾けているうちに、私のFIREに対する考え方は大きく変わっていったのです。

そもそも私は、若い人がFIREに関心を持つのは結局のところ、「仕事から逃げたい」とか「楽をしたい」とか、そういう後ろ向きな選択なんだと決めてかかっていたわけですが、実はそんな話じゃないんじゃないか。

扁理さんと話をしていると、世の変化のスピードは驚くほど速くなり、今や10年前の常識どころか2年前の常識も通用しないことに驚かされます。例えば、扁理さんは、雇われて働くことは「人間をやめることだった」という。もちろん長年会社員をやってきた私にもその感覚はないわけじゃないが、それでも30年近く会社に勤め続けたのは、それ以上に「得るもの」があったから。安定した給料は人生をガッチリと保証してくれたし、上司に怒鳴られても同僚と助け合いながらキツイ仕事を乗り切ったこともそれはそれで良い思い出です。そのおかげでこんな私もそれなりに成長できたことは間違いない。あの頃の会社には、そんなふうに多くの人の人生を引き受けるだけの余裕や懐の深さがあった。どんな凡人でも会社に所属すればそこそこの一生を生き抜くことが保証された。そんな「人生の方程式」みたいなものがリアルに存在した時代があったんです。

でもそんな常識は、急速に過去のものとなりつつあるらしい。

先日、誰もが知る大企業の社員の方にこんな話を聞きました。

最近は、もう本当にビックリするくらい新入社員がどんどん辞めるんだと。その辞め方のスピードは私ら旧世代からしたら驚愕しかないレベルで、入社前に配属先が決まった時点で、つまり実際に働き始める前に「希望の部署じゃないから」と辞める人が珍しくないんだと。そんなことを聞くと、私ら旧世代は「いやいや、希望じゃない仕事でも一旦はやってみようよ。思わぬ発見や学びがあるはず。それを避けていたら成長はないよ」などと偉そうに説教したくなるわけだが、どうもそういう話じゃないみたいなんですよね。なぜ辞めるのかといえば、「自分のキャリア形成につながらないから」。キ、キャリア形成？……いやキャリアも積んでいないうちからキャリア形成って……などと旧世代は再び目を白黒させるわけだが、あまりのことにスーハーと呼吸を整えしばし考えてみますと、これって要するに、今の若者たちはどんな名の知れた大企業であれ、「会社には頼れない」

と思っているってことに違いない。頼れるのは自分だけ。だから自分を成長させてくれない会社にいるのは時間の無駄なのだと。

なるほど。言われてみれば、今や確かにその方が現実的な考えかもしれません。

だって、そんな彼らに「そんなに焦らなくても大丈夫。ま、多少つまらないこともあるだろうが、少なくとも会社にいたら生涯安泰だから！」などと胸を張って言える現役社員がどれだけいるでしょう？　生涯安泰どころか、今や自分だってＤＸとやらに振り回されリスキリングしなければ明日をも知れぬ身に違いありません。そして当然ながら、どんなに頑張っても会社が人生を保証してくれるのは定年退職のその日まで。その先に長く厳しい晩年が大きく口を開けて待っている人生１００年時代とやら。「会社に頼っていたら人生安泰」なんて、そんな時代は実はとっくに終わりを告げていたのかもしれません。

そう思えば、今の若い人たちがＦＩＲＥに関心を持つのは至極当然と思うべきでありましょう。だって誰であれ生きていくためには、何はともあれお金が必要です。でも、もはや安定した給料を与えてくれる会社ってものに頼れないんだとしたら？　それに変わる何かを探す必要がある。

それを「投資」に求めるのがＦＩＲＥです。頑張って元手を貯め、賢く投資し、生涯にわたって投資益で生きていける安定収入を確保することができたなら確かに、当てにならない会社なんてものに振り回されて、お金のためにイヤな仕事を押し付けられたり、理不尽な要求に応えたり、果てしない競争に巻き込まれたりすることなく、つまりは「人間であることをやめずに」生きていけそうです。だとすれば、確かにそれはとても切実で必要な選択肢に違いないと思えてきます。

というか、よくよく考えてみれば、それは50歳で会社を辞めた私自身が求めていたことそのものだったんじゃないか。

バブル期にちゃっかり大企業への就職を果たした私の元へも、時代の変化は容赦なく直撃を喰らわせてきました。バブル崩壊後、会社は生き残りをかけて人を減らしリストラを繰り返し、凡庸な社員だった私の居場所は狭まる一方。つまりはイヤな仕事を押し付けられ、理不尽な要求に応え、果てしない競争に巻き込まれることが日常になってきた。会社と自分はいつの間にか、食うか食われるかののっぴきならない関係になっていたのです。コトここに至り、会社に依存しきっていた私も、このままボーッとしていたら「人間であることをやめて生きる」ことになりかねないと気づき、10年かけて無給生活を生き抜ける自分を作り出そうと格闘。そしてまさに今、お金の心配とは無縁に、自由に好きなように暮らしているのです。そうだよこれをＦＩＲＥ（経済的自立と早期リタイア）と言わずになんという。

そしてこうなってみてつくづく思うのは、「経済的自立」を果たして本当に本当に良かったということです。昨今もインフレだ円安だ老後不安だと息つく間もなくお金の不安に我らはさらされ続けているわけですが、自立している私はといえば、何が起きようが柳に風。ただ日々やるべきこと、やりたいことをやって平和に楽しく生きている。これぞ人生の楽園と思わぬ日はありません。

そう考えてみると、ＦＩＲＥが必要なのは若い人に限った話じゃない。世の中がどんどん不安定化し、確かなものなど何もない中で、何に頼らずとも自分で自分を食わせていく力を持つことができるかどうかは、年齢性別に関わらず人生を決する一大事なのではないでしょうか。ＦＩＲＥに反感なんて抱いてる場合じゃなかったのです。ＦＩＲＥ、すなわち「経済的に自立して何ものにも縛られず自由に生きる」という選択肢を持つことは、これからを生きるすべての人に必要なことなのだと思います。

でもこの本で我らが唱えるＦＩＲＥは、巷で唱えられているＦＩＲＥとは明確に一線を画すものであります。

いま世に出回っている多くのＦＩＲＥ本は、結局のところ金融投資の話です。お金に振り回され続ける人生から自由になるために、お金を貯める・増やす・キープする。つまりは「お金さえあれば、お金から自由になれる」。それが従来唱えられてきたＦＩＲＥの基本思想です。

でも、我らはそれとは全く別のことを熱く主張したいのです。なぜなら、実はお金を貯めただけではお金から自由になることなどできないから。その具体的な理由は本書を読んでいただければわかりますが、ひとつだけ申し上げれば、お金とは「あってもあっても足りなくなる」というフクザツな側面を持っているのです。これは本当に肝心なところで、この矛盾から目を背けていては、決して真にお金から自由になることはできません。

でも、落胆する必要はありません。

お金を貯めなくても、誰だってお金から永遠に自由になることができる。お金に振り回され続ける人生から自由になることができるのです。そんなウマい話があるわけないと思われるかもしれないが、本当のことなんです。なぜってそれは、我ら年齢も境遇も性別もまったく違うふたり、すなわち、経済成長期に育ち競争社会をそこそこ勝ち抜いた「元エリートサラリーマン」である私と、かたや成長なき時代を生き競争からドロップアウトした「元ワーキングプア」である大原さんが、それぞれ全然違うきっかけからそれぞれにお金と格闘し、体を張ってつかみ取った「共通の結論」なのですから。

あとは、ぜひこの本をお読みいただければと思います。正直、私もこれほど違うふたりがこれほど同じことを考えていたことに驚いたし、あらためて自分のやり方は間違っていないのだと確信を得ることができました。きっと、大原さんも同じ思いであったと思います。そのふたりの驚きと気づきをシェアできればこれほど嬉しいことはありません。

　ということで、この本のタイトルは「シン・ファイヤー」としました。お金の心配なく生きる方法を提示するという意味では、巷に出回っているＦＩＲＥと目指すところは同じ。でも、そのやり方はまったく違う、新しい、真のＦＩＲＥ。

　さらに言えば、冒頭で申し上げたような「自分さえ良ければいい」という孤独なＦＩＲＥとはまったく違う、自分も、自分の周りの人もみんな良くなるお金との付き合い方を身につける幸せなＦＩＲＥがあるんだってことをぜひとも知ってほしいという願いを込めて、表記は「ファイヤー」としました。人生はお金だけで成り立っているわけじゃありません。お金のことばかり考えてちまちま生きるのをやめるだけで、人生はどこまでも自由にエネルギッシュになる。そうだよみんなもっとボーボーと命を燃やして生きようじゃないの！

　ということで、あとはふたりの掛け合いを楽しんでいただければと思います。

稲垣えみ子

シン・ファイヤー
目次

はじめに 0003

1 FIREってウチらのことなんじゃ？ 0019

みんなFIREを目指しているのか
FIREは幸せ？
FIREど真ん中世代
隠居はFIREか？
仕事をしないって、つまらんことだな
お金には全賭け《フルベット》しない
へぇ〜、そういう土俵があるんだ〜
さまざまな投資
ほんわかした幸せ
コスパ返し
主語の小ささ

2 FIRE前夜を振り返る 0053

大原扁理、世界一周の旅
人間の機械化
スタバでMac広げているような人たちでしょ？
投資だけがFIREなのか

お金をたくさん稼げば幸せになれる？
無い面白さ貯金
買う・作る・もらう
もうこんな生活は嫌！
自分にとって必要な収入額

3 何からリタイアすべきか 0081

料理本からのリタイア
苦しさが無いとつまらない
観光旅行からのリタイア
街と仲良くなる方法
総合力が試される
無理は良くない
親の介護を考える

4 ふたりのFIRE生活 0109

自分を幸せにすることはできなくても
マネーロンダリング
チーム稲垣えみ子
余ったお金の使い方

ウチらは小さいビル・ゲイツ
すべてが投資になる
稲垣えみ子の一日
節約する気はない
250年前の音楽
それは会社員の発想
大原扁理の一日
隠居の定義
「理想の生活」
安いけどもったいない／高いけどもったいなくない
エスケープ・フロム節約
家事ができる、という財産
FIREは遠回り
不都合なセルフラブ
お金の人格化
ヨガは哲学
盗まれないことも社会貢献
生き方が美しいかどうか
ポートフォリオの見直し

5 「働く」と「稼ぐ」を再定義する 0199

富裕層の生態観察
虚業の墓場
土日がなくなる
自発的にやる
100の仕事があれば
お金をもらう仕事、もらわない仕事
捨てること
明るい諦め
経済的な不老不死
人間だもの

6 支出を減らすことは惨めなのか 0237

こうしてFIREくんは幸せになりました
ぼんやりした不安
ダウンサイザー
自己責任論、肯定派
自分が変われば世界が変わる
工夫は楽しいはずなのに
節税はしない
複利の力

7 「投資」は必要か 0269

このつまんない社会を変えるために
貯金よりは投資
「ワンランク上」の罠
ペットボトルの水買わなきゃいけない強迫観念
ワンランク上 vs ワンランク下
欲しいのはお米じゃなかった
輝かなきゃいけない圧

8 本当に幸福になるたったひとつの方法 0297

この世の最大価値
友達と他人の中間領域
地域猫と同じポジション
もらう力
この世界はひとつしかない
世界に対する信頼
FIREで友達を失くす人、増える人
人生を自分の手元に取り戻す
片方が死んでいる
夢のある老後を目指して

おわりに 0344

1

FIREって
ウチらのこと
なんじゃ？

稲垣 そもそも、このままあま怪しい私たちふたりが今回、なぜ一緒に本を出すことになったかというと……。

●――弊社（百万年書房）に読者からお手紙が届いて、「『フッーに方丈記』（大原扁理・著）を読みました。自分は大原扁理さんのファンで、稲垣えみ子さんのファンでもあります。おふたりが出会うと面白いことが起きる気がするので、ぜひ引き合わせてください」って内容で。そこで、なるほど、それはたしかに面白そうだと思って、まずはそのお手紙を大原さんに読んでもらいました。

稲垣 その時点では、実は扁理さんと私が面識があることはご存じなかったんですよね。

●――知りませんでした。

大原 最初に僕が稲垣さんと会ったのは2016年、ちょうど『魂の退社』（稲垣えみ子・著）を刊行された頃に、代々木上原の hako gallery でイベントをされていたんですよ。

稲垣 そうなんです。陶芸家の友達が hako gallery で個展をすることになって、「イベントで料理を出しませんか？」と誘っていただいたんです。ちょうど会社（朝日新聞社）を辞めた直後でまったく糸の切れたタコ状態だったんで、声をかけてくれたことが嬉しくて、何の経験もないのにふたつ返事で「やる！」と。

そこで、自分が家で食べるご飯みたいな地味なプレートごはんを出していたところに、扁理さんが女性とふたりで来てくださって。もちろん初対面だったんですが、おふたりともなんか目がギラギラしてるというか、「普通の人じゃない」感じのカップルで超目立っていましたね。で、恐る恐るお話をして扁理さんがお金をほとんど使わない暮らしをされていると知り、なのにその場でごはんを食べてくださって『魂の退社』も買ってくださって。たしかワンプレート800円ぐらいでしたし、大丈夫かな？　と思っていました。

大原　僕、あのとき、自分の本（『20代で隠居』）をお渡ししましたよね？

稲垣　そうなんですよ。それなのに私は本を買ってもらったという。いやホントごめんなさい。思い返せばあの頃は会社を辞めてどうにか生計を立てていくことに必死で、自分のことしか考えていなかったんですよね。人として本当に未熟者でした。今回こうして謝る機会があって本当に良かったです。

大原　いえいえ！　こちらが勝手に会いたくて行ったんですから。お会いできてすごく嬉しかったです。僕は、たぶん**「情熱大陸」を観て稲垣さんを知っていたんです。**で、こんな面白い人がいるんだと思っていたら、友人から「稲垣さんが出るイベントがあるよ」って教えてもらったんで「行く行く〜」って。イベントでは、お客さんもたくさんいましたし、そんなに話し込むことはなかったんですけど。

僕は、そのときの食事が印象的でした。僕も当時から家では玄米菜食でしたけど、外では何でも食べていたんです。でも、家でぬか漬けを作ることはしていなかったから、稲垣さんのプレートを食べたときに、自分がいかに普段、外食で刺激の強いものを口にしてるのかがわかりました。

稲垣 思い出した。扁理さん、もぐもぐもぐと、真剣な顔ですごい噛んでるなーって思っていました。

大原 淡泊だけど、噛んで噛んで噛み倒した後に味わいが出てくる。料理ってこういうものだったよな、と思いました。いわゆる現代の外食文化は、口に入れた瞬間の衝撃で満足させるように出来ていますよね。だから、逆のベクトルで満足に至る稲垣さんのごはんが興味深かったんです。

稲垣 要するに味がしなかったと（笑）。味を探しに行っていたんですね……。

で、それ以降、新聞広告とかで扁理さんが次々と本を出されていることを知り、おおすごいなーと思っていました。**『年収90万円で東京ハッピーライフ』**というタイトルを見た時は、私もちょうど今の生活を始めて固定費は相当なレベルで削っていたんですが、年収90万円はだいぶすごいなと、ちょっと「やられた」感がありましたね。

大原 これからインフレが進んでいくとすると、それ以下はなかなか出てこないでしょうね。

稲垣 ただ、目指している方向はまったく同じだと思って読ませていただきました。

大原 ありがとうございます。

みんなＦＩＲＥを目指しているのか

稲垣　さらに扁理さんが『フツーに方丈記』を刊行されたときも「やられた！」と思って。というのも、私も今の生活を始めてから、行き詰まった人生への突破口として何もない生活を嬉々として始めた鴨長明にめちゃくちゃ共感するようになって、京都の下賀茂神社にある方丈庵を再現した建物を見に行ったくらいなんです。扁理さんとは世代が違うし、入り口もだいぶ違うと思うんですけど、そんなふたりがまったく同じところに心を寄せているんですよね。それってすごく面白いし、ある意味そこに「真実」があるんじゃないかと。

なので、ふたりが共感し合うだけじゃもったいない。せっかくならお互いひとりでは出せない、思い切ったメッセージに挑戦して、これまでのふたりの読者じゃない、**私たちの本なんて絶対手に取らないタイプの人たちが読みたくなる本が一緒に作れたらいいなと。**で、ぜひやりたいテーマが「ＦＩＲＥ」だったんです。

というのはですね、最近おしゃれなカフェに行くと、シンプルだけど良い服を着たこぎれいな男の子たちがよく熱心に何かを読んでいて、どれどれ何を読んでいるのかなと思ってチラ見すると、これがことごとく**ＦＩＲＥ（Financial Independence, Retire Early／経済**

的に独立し、早期リタイアすること）本なんですよ。で、正直「えー」とショックを受けたんですね。今、若い子たちが目指してるのはそこなのかって。早くお金を稼いで早くリタイアするってそんなに幸せなことなのか。私みたいな昭和な世代から見たら、20歳そこそこの、これから広い世界に出ていく若者がいきなりそこを目指すのって、あまりにも閉じている気がしたんです。

大原　将来を見切るのが早いな〜、と？

稲垣　うん。そこが目標？　幸せがそこ？　という違和感があったんです。自分が幸せになるのはもちろん大事なことだけど、ＦＩＲＥって「自分だけ一抜けする」ことが目標みたいな感じがして、その本を読んでいるオシャレな若者の周りが透明な枠で覆われているような、拒絶されているような感じがして、「がんばれ〜」とは思えなかったんですよね。
　で、本当にそれしかないのかなと。ＦＩＲＥに関心を寄せるということは、突き詰めればお金の不安や、そこからくる**過酷な労働への不安から自由になりたい**ということだと思うんですけど、扁理さんと私の生活って、ＦＩＲＥ本で言われているやり方よりももっと開いた、楽しい、しかも簡単で誰でもできる「お金から自由になる生活」ですよね。それを自分たちで試行錯誤しながら作り出してきた、本当の意味でお金から自立できているふたりだと思うので、ＦＩＲＥ本を真面目に読んでいる若い人たちに、「それとは違うやり方で、お金の不安がなく、お金に振り回されることもなく、お金から自立するリアルな方法として、こういうやり方もあるよ！」っていう話が出来たらいいなと思ったんです。

FIREは幸せ？

●――いま、「閉じている」という言葉を使われたのが面白いなと思いました。それはつまり、「閉じている＝仕事を通して他人とつながることや、仕事をすること自体の楽しさに向き合おうとしていない」という意味合いですか？

稲垣 そうですね。私の世代だと、社会に出たら世の中に役立つ人になって、自分も成長して、みたいな、「**大人になる＝開かれたところに出ていって仲間をつくる**」というような意識が、漠然と、当たり前にあったと思うんです。

でも、たぶん今はそんな時代じゃない。誰もがそこそこ豊かになれるような大きな経済成長がなくなって、格差ばかりが広がる時代になって、そんな中で少なくない会社が生き残るためにいわゆるブラック企業化している。客をうっすら騙すだけじゃなくて、社員を都合のいいコマとして使い果たすことも普通になっている。そんな会社や社会に自分を託すことに不安を感じるのは、正常な感覚だと思います。なので、そんな昔みたいなことを言ってられないのもわかるつもりです。

ただ、だとしても、と思ってしまうんですよね。自分だけさっさと資産を形成して、あとは引退して楽に暮らすって、それってどこにもつながっていかない感じがしてしまう。この苦しみから自分だけ抜けて良かった良かったって、それで本当にいいの⁉　みたいな。どうも、なんというか……そう、**「友達が出来そうなイメージ」が無いんですよね。**

大原　ああ、それでか。最初に稲垣さんから送られてきた本書の構成案に、「FIREで友達を失くす人、増える人」って項目があったんで、「この問いの立て方、面白い！」と思っていたんです。そういう意味だったんですね。

稲垣　そう。そこは最後に語りたいんですけど、要はFIREって何？　ってことなんです。あえてステレオタイプな言い方をすると、自分だけイチ抜けして、あくせく働いてる人たちを見下しながら、自分は南の島でトロピカルカクテルを飲んでいる、みたいな。

大原　（笑）。

稲垣　そういう友達がいなそうなイメージしか持てなかったので、みんながFIREを目指す社会はなんか嫌だ！　と思って。でも、そういう本を読んでいる前途ありそうな若者を見ると、すっごく目つきが必死なんですよ。超真剣。だから、そもそもそんな私のイメージが古いというか偏っているのかもしれない。それもこれも含め、どうしてこんなことになっているのか、じゃあどうすればいいと思っているのかを、世代の違う扁理さんと話してみたいと思いました。

FIREど真ん中世代

大原　ここで、僕にとってのFIREのイメージを話しますね。稲垣さんの言ってることはよくわかるんですけど、僕は30代なんで、まさにFIREど真ん中世代なんです。

稲垣　FIRE世代って初めて聞きました。いくつくらいの人たちなんですか？

大原　30代から40代と言われています。なので、38歳の僕はまさにど真ん中世代。だから、稲垣さんのおっしゃる「閉じている」「それで幸せなのか？」って感覚もわかるけど、自分が20代のときに派遣で会社に勤めていた頃を思い返して、これから給料は上がっていかない、経済も成長していかない、となったときに**働き続けることに人生の目的を見出せない気持ちもすごくわかるんです。**

それに、自分の少ない経験を振り返っても、**働くということは少なからず「人間であることをやめる」時間だったんですね。**蝶よ花よと可愛がってくれってていうんじゃないけど、たとえばお客や上司に理不尽に怒られても耐えなきゃいけなかったり、食事をする時間や、休む時間もとれない時には「これじゃ人権がないじゃないか！」と思っていました。そういうことも守られない仕事に、これが定年まで続くのか、と思う絶望感はわかる気がします。

隠居はFIREか？

●――なるほど。で、実際にいわゆるFIRE本を何冊か読んでみて、おふたりはどう思いました？

大原 僕は共感とともに読みました。FIREしたくなる理由はすごくわかるな、と。あと、外から見ていると確かに「閉じた生き方」に思えるんですけど、実際にFIRE本を読んでみると、**FIREの目標地点が「働くか働かないかという選択の自由」を手にすることだ**とわかりました。ただ、カフェでFIRE本を読んでいる人たちは、何かしら自分の現状に問題を感じているから読んでいるわけですよね。何も不満がなければそもそもFIREを目指していない。で、問題解決方法ってもっといろいろあると思うんですけど、巷で言われている**FIREはアプローチがすごく個人的で、設定している幸せの主語が小さいな、**とは思います。

稲垣 自分が幸せになればいい、みたいな？

大原　そうですね。でも、FIRE本を読んで、**FIREを達成した後に、社会を豊かにするために動き出す人がいる、ということを知れたのは希望だ**と思いました。

結局、自分が豊かになったときに、自分が豊かなだけでは満足できなくなる。世の中のために何かをしたくなる人たちがたくさんいるっていうのは、すごく希望だなと。なぜなら、自分もそうだったからなんです。

自分も自分なりのFIRE（隠居生活）をしちゃいましたけど、やっぱり自分だけのために生きるのって限界があるなと。そこで自分の経験や知識や余っている時間が誰かの役に立つんだったら、世の中に還元したいと思う気持ち、すごくわかるんです。

たとえば、今日も宝くじを持ってきているんですけど。こうやって、出会った人たちに宝くじを配ったりとか。あと、自分でスコーンを焼いて周りの人に配ったり。寄付したり、困ってる友達がいれば助けに行ったり。そういうことが嫌々じゃなくて楽しくなってくるんです。なぜかと言うと、**千円を使って自分だけが幸せになるより、その千円で宝くじを5枚買って5人に配れば、5人が幸せになるじゃないですか。**その方がお得じゃん、っていう。隠居してからというもの、**お得の分母が広がってきた**感じがあります。たぶんそれと近い感覚を、FIREを達成した人たちの一部は持ってるんじゃないかと思ったんですよね。

だからＦＩＲＥって、思われているほど悪くないというか、希望がある。そこで開くか／閉じるかは本人の裁量次第っていうのはありますけど、ＦＩＲＥのイメージが良くなりました。

ただ、それでもわずかに疑問が残るところがあって。ＦＩＲＥを目指してる人たちって、それこそ一生懸命勉強して、進学して、就職して、他人を押しのけてでも、いわゆる世間的な勝者になるために今までめちゃくちゃ頑張ってきたわけですよね。でも、そういう生き方って何か違うんじゃないかな、と思ってＦＩＲＥに興味を持ったんだと思うんです。で、ＦＩＲＥの本って、まず種銭として５千万円貯めましょう、というのがひとつの鉄板のやり方としてあるんですね。でも、給料も上がんない、なのに物価と税金だけは上がっていくこの時代に、まず５千万円という大金を貯められる人がどれだけいるんですか？　と。ＦＩＲＥがこの方向性しかないんだとしたら、ここで脱落・絶望する人がたくさんいると思うんです。

つまりＦＩＲＥこそが、不適合者を切り捨てていくという、新たな敗者の再生産システムになっているとしたら、そういうのがイヤで逃げてきた世界と結局同じことをしていませんか？　それでいいの？　っていう。で、じゃあ本当にその方法しかないのか、というのも含め、稲垣さんと語っていきたいです。

稲垣 FIREと、扁理さんの言う「隠居生活」ってどれくらいかぶってると思いますか? 隠居ってまさに retire early(早期退職)ですよね。

大原 **隠居はFIREに含まれている**、と思いました。

知らない人もいると思うので、僕の隠居生活についてちょっと紹介しておきますね。僕が隠居生活を始めたのは、25歳のときでした。東京郊外に2万8千円の激安アパートを見つけて、引っ越したのが始まりです。その前は、杉並区の7万円のシェアハウスに住んでいたので、生活費が激減しまして、毎日働かなくても良くなった。それで仕事もどんどん減らしていって、最終的に労働は週に2日だけ障がい者介護の仕事をして、月収7万〜8万円に落ち着きました。といっても株式投資もやっていないし、親の遺産があるわけでもないし、宝くじも当たってない。5千万円なんていう貯金ももちろんありません。でも週休5日・年収100万円以下で6年ほど余裕で暮らせていました。

だから経済的に自立はしているし、20代でほとんどリタイアしているという意味では、FIREだと思います。

それで今回、FIRE本をいろいろ読んだら、実際はいろんなFIREがあったんです。Lean FIRE(最低限度の資産を運用し、その運用益で生活すること)、Side FIRE(アルバイトなどの労働収入と、資産運用による運用益を合わせて生活すること)、プチFIREとか、いろいろあって。プチFIREなんて、60歳からFIREを始めることなんです。どこがretire early（早期退職）？　って思うじゃないですか。

稲垣　たしかに。

大原　そういうものまでFIREに含めるなら、何でもFIREじゃないかと思いました。

稲垣　確かにそうですね。つまり、いちばん肝心なことは、**そのリタイアが、何からのリタイアなのか？**　ってこと。突き詰めると「仕事って何？」ってことになると思うんです。

　そもそも、ここはかつての自分も含めて勘違いしている人が多いと思っているんですが、仕事＝会社に勤めること、ではないですよね。私の場合、仕事ってお金を稼ぐこととも限らないと思っているんですけど。でもFIREで言われているリタイアは、お金のため／家賃のために嫌々やっている仕事からリタイアする、っていうイメージです。お金のために自分を殺して、人生の一定の時間を過ごさなきゃいけないのが「仕事をする」ということ。そこから脱け出そうっていうのが、私の理解したFIREですね。

仕事をしないって、つまらんことだな

●——大原さんと違って、稲垣さんは大企業で長く正社員として働いてこられたわけです。そんな稲垣さんは、

FIRE本を読んでどう感じました？

稲垣　私も50歳で会社を辞めた当初は、30年近く勤めた会社の仕事が忙しすぎた反動で、人生の究極の理想はまさに「南の島でトロピカルドリンク」なイメージがあったんです。でも実際に辞めてみたら全然そうじゃなかった。それって理想じゃなかったって気づいたんですよ。

　っていうのはですね、**実は私、まさに会社を辞めてすぐ南の島に行ったんです。**

大原　え!?

稲垣　有給休暇とか絶対取れない職場だったんで、リゾートでのんびりとかはずっと夢のまた夢だったんです。だから辞めた瞬間、正確には「島」じゃないんですが、南インドのケララにあるアーユルヴェーダ施設に1か月近く滞在してマッサージ三昧。まさに夢を叶えた瞬間でした。だけど滞在期間が長すぎて、バカンスを長く取るはずのヨーロッパ人もみんな先に帰っちゃって、私ひとりだけずーっといて。神様になったみたいな気分で、人間たちが流れていくのをずっと見ていました（笑）。で、すぐつまんなくなったんです。時間を持て余しちゃって。

　それでどうしたかというと、私は海外旅行の経験がほとんどないし英語も全然出来ないんで、そうすると珍道中というか、面白い失敗が日々いっぱい起きるじゃないですか。それをやっぱり書きたくなったんですよね。あんなに書くことが苦しくて新聞社を辞めたのに。なので、限られた友達しか見ないFacebookに、毎日めっちゃ充実した旅行記を書いていました。**つまり、私が会社を辞めて最初にしたくなったのは「仕事」だったんです。**もちろんお金にはならないんだけど、誰かに自分の書いたものを読んでもらって反応を待つというのは、新聞記者としてずっとやってきたことと基本同じじゃないですか。

そのときに、「仕事をしないって、つまらんことだな」と。**お金を使うだけの生活だと、結局自分がお金でジャッジされる。**お金をたくさん使える人は大事にしてもらえるけど、そうじゃないと大事にされない、みたいなことになりかねない。でも、仕事ってそういうところから離れて、自分が何かを生み出して他人に喜んでもらえる。いくら稼げるのかを取っぱらってしまえば、すごく幸せな、良い時間の使い方なんじゃないかって。

大原 会社を辞めて南インドに行って「神様」になったけど、すぐにつまんなくなって「人間」に戻ってきたと。面白いです。

稲垣 リタイア生活って、お金を使うだけの生活になりがちじゃないですか。お金を使うだけの生活って無力だし、人とつながるのも難しい。やっぱり何かを生み出している方が人とつながりやすいし、楽しいことなんだって、実際にリタイアしてすごく実感したんです。

大原 だから、仕事が、現代社会では「お金を稼ぐ」ってことに限定されているけど、広げて考えると「何かを生産する」みたいな。

稲垣　そう。もっと広げて言えば「誰かを助ける」ってことですよね。

大原　確かに。

稲垣　助ける、つまり「何かをして人を喜ばせる」ってことじゃないですか。その対価がお金の場合もあれば、笑顔とか、ありがとうって言葉とか、物で返ってきたり、お返しに何かをしてくれたり。100パターンくらいのお返しの仕方があって、でも、何かは絶対返ってきますよね。一生懸命やれば。それってまさに、人間が生きることそのものだと思うんです。

だから、**「仕事＝会社に勤める／お金を稼ぐ」という前提そのものが実は全然違う気がする。**それは100パターンのうちの1パターンに過ぎないと思うんです。

私が読んだFIRE本の中に「お金の心配から解き放たれたときに、やらされる仕事じゃなくて、本当にやりたいことが出てくるかもしれません」みたいなことが書いてあって。それはすごく理解できました。他人のために何かしたい、誰かに喜ばれることがしたいと思うためには、自分が不安だったり、損していると思ったり、搾取されていると思っていたらやっぱり出来ない。そのためにFIREという方法があって、お金の心配が無い生活に達して初めて、閉じた世界から開いた世界へ行ける。それはまったくそのとおりだと思います。

ただ、そこで私が思ったのは、やっぱりFIRE本ってどれも「お金の本」なんです。そこに限界があるなとは思いました。**要するにFIREって「お金の心配から解き放たれるためにはお金を貯めましょう」という話じゃないですか？　そこに永遠の矛盾があるんじゃないか**、と。

お金には全賭《フルベット》けしない

稲垣　だってお金をいくら貯めても、使う生活に入ったら結局は減っていく。それで、お金の心配から本当に解き放たれるのか？　と思うんです。FIREをめでたく達成したとして、FIRE生活を維持するために、貯めたお金を本当はパッと使いたいのに我慢して細～く使うとか我慢して生きるとか、そうなったら本末転倒ですよね。全然解き放たれてない。でも扁理さんと私はそうなっていなくて、それは**お金を貯めているからじゃなくて、お金に頼っていないから**ですよね。

大原　そうですね。もちろんお金は使っているけど、お金に全賭《フルベット》けはしていない。

稲垣　そうなんですよ。お金だけが拠り所になって、「お金がないと」って感覚が強すぎると、いくら貯めても減ることが恐怖になってしまう。でも「お金、あってもいいけど無くてもいいよね」と思える人は、**お金以外の幸せになる手段をたくさん持っているんです。**だからお金を使わなくても惨めだと思わないし、結局そんなにお金を使わないじゃないですか。使わない生活に不満もないし、惨めさもないし、何ならお金を使わない方が案外楽しいぐらいに思っているから収入がどう変わろうが結局お金にいつも余裕がある。そうなれたのが扁理さんと私で、そこに気づかずに4％ルール（FIREに関する本では、「年間支出の25倍の資産を築けば、年利4％の運用益で資産を減らさずに生活費をまかなえる」とされている）みたいなことに集中しすぎて頑張りすぎて、結局お金以外のことが考えられなくなっちゃったとしたら、それは望んでいた結果と違うことになっちゃうんじゃないかなと。

稲垣　へぇ〜、そういう土俵があるんだ〜

大原　結局みんな、自分の足で立っている感覚が欲しいからFIREを目指すんだと思うんです。でもそのやり方はひとつじゃない。私たちみたいに、4％ルールとは全然違うやり方で、自分の足で立つ場所を作ることも出来るんです。

稲垣　FIREはお金という仕組みの上の話で、お金という土俵そのものには疑問を抱いていないってことですよね。誰かが作った土俵で勝負をしている感じで、稲垣さんと僕はそれを見あげて「へぇ〜、そういう土俵があるんだ〜」って。

稲垣 うん。今、FIREを目指す人たちが一生懸命求めている地点って、私たちが自分なりにやってきたことと心境的にはかなり似ている。でも、そこに行き着く道がFIREだけになっちゃってるのがどうなんだと。だって、FIRE本がこれだけ出ているのに結局……。

大原 だいたいどの本も同じこと言ってますよね。

稲垣 こんな狭いところにたくさんの人たちが参入しているけど、みんな同じ一本の細い道しか見ていない。**でも、目指してる地点は、それとは全然違う「空き地」を歩んできた私たちと同じ。**

大原 だから、FIREを達成した人たちと僕たちが喋ったら意外と話が合う気がする。

稲垣 合うかもしんないけど、向こうはムカつくんじゃない？　だって、先方は苦労しているのに私たちはだいぶラクして同じ場所に辿り着いてるから。ちょっと私、話せないかも。そこまで苦労してきた人に悪いもん。

大原 (笑)。僕、この対談をするにあたって、実際にFIREを達成した人と一回話したかったんです。でも、やっぱり、周りにいないんですよね。

稲垣 もしかして本当はあんまりいないのかな？　もしくは達成した人は全員、本を書いているとか。だってFIRE本を読むだけならともかく、実際やるとなったら、それなりの覚悟とハードルが必要なので、途中で挫折する人も多そうですよね。
だから、挫折しないためには、お金というものをどう考えるか？　って部分を飛ばさないことが大事だと思うんです。**「結局なんだかんだいってお金だよね」っていう思考からいかに抜け出すか。**ずっと慣れ親しんだ「お金」という土俵の中で自由になりたいっていう気持ちはわかるけど、狭いしすごく大変な気がします。

さまざまな投資

稲垣　ちょっと話がそれますけど、そもそも本当に投資の世界で生きている人は、きっとすごく広いところを見てるんですよ。同世代の友達が投資の仕事をしているんですけど、彼が若いときにイギリスの支社に行った時の話がすごく面白くて。その友達は当然のことながら「今はどの株に投資すればいいのか」みたいなことばかり考えていたんだけど、イギリス人の投資家に話を聞いたら、株のことなんか何も言っていなくて、たとえばヘリコプターを買うのがいいんだと。

大原　え？

稲垣 ま、普通は高くて買えないんですけどね。でもヘリコプターって大量に作られるものじゃないから、一旦買ってしまえば値段が下がらないらしいんです。レンタルしてお金を儲けて、最後は売れば絶対損しないんだって。あとクルマとかも、限定生産の稀少車種を買う。そしたら絶対買ったときより高く売れる。あとはワインとか。

大原 稀少品、美術品みたいなもんですね。

稲垣 そう、ワインや希少なクルマは、年月を重ねるにつけ数が減っていく一方だから、絶対に価値が下がることはない。いかにそういうものを見つけるかが投資だと言われて、若い彼はショックを受けたようなんです。「そんなこと考えたこともなかった」って。もちろん私もそれを聞いてショックを受けました。でもそれは嫌なショックじゃなくて、なんか面白いなーと。**お金を増やす方法って、案外シンプルでわかりやすい理屈で成り立っている。**要するに、需要と供給ですよね。みんなが欲しがってるものは競争が激しくなって価格が上がる。そう考えたら、例えばですけど、誰も欲しがってない世界に幸せを見出すことができたら、競争なんてまったくしなくてもお金がなくても幸せになれるってことにもなるじゃないですか。そう考えるとすごくわかりやすいし、納得もいく。ややこしい勉強をしないと出来ない投資なんて、結局大したことないのかもと思いました。

そんなことも考えると、ＦＩＲＥは本当に狭い領域の話しかしていない。

大原　それなのに、ＦＩＲＥ本が売れているのが不可解というか。

稲垣　それはやっぱり、扁理さんが最初におっしゃっていたように、**リアリティがあるんだと思います。今の会社にこのまま勤めるよりも、少しでも幸せな人生がイメージできる**というか。それに、数字の話だし。数字を示されて「こうやって頑張れば幸せになれる」と言われると具体的で、出来そうな気がするじゃないですか。

大原　そっか。隠居なんて本当にぼんやりしてますからね。何千万円貯まったら何をしろ、と言われた方がわかりやすい。

稲垣　ＦＩＲＥ本を読むとなんとなく出来そう。でも「隠居、出来ますか？」って言われたら、かなり勇気が必要です。

大原　何をもって隠居とするかは、人によって違いますしね。でもそこは、あえてわかりやすい正解を提示しないようにしているところもあって。そうじゃないと、**「自分で決める」といういちばん楽しい作業、人生の醍醐味みたいなものを他人から奪う**ことになるんじゃないかと思っていて。でもＦＩＲＥだったら、正解が誰にでもわかりやすいですもんね。種銭を用意して、４％で運用して。

　ただ、それは社会情勢が安定していて、投資が成功する前提の話だから。

稲垣　それもあるし、仮に投資が成功してもそれで本当に幸せが手に入るのか。ＦＩＲＥ本は

「お金が貯まれば幸せになれる」って前提で作られているけれど、本当にそうなのか？　ってところが実は一番大事ですよね。ＦＩＲＥを達成した後も、限られたお金でなんとか生きていくとしたら、それが本当にほんわかした幸せなのかな？

ほんわかした幸せ

稲垣　私、幸せってほんわかしたものだと思うんです。でも、ＦＩＲＥはけっこうキリキリしていますよね。それはやっぱり達成前も達成してからも、お金という数字に支配されてるからな気がする。自分の足で立った末に、お金にこだわらずに生きていけるんだったら良いと思うんですけど。

その点で言うと、唯一すごく現実的だと思ったのは、頑張ってＦＩＲＥを目指した場合、つまり生活をものすごーく切り詰めて、それこそ年収90万円ぐらいの勢いで支出を超少なくしてがしがし貯めた場合、結局年収90万円生活を何年も続けることになるわけで、ふと気づけば扁理さんと同じく「年収90万円でハッピーライフ」を送る技術がしっかり身についてしまう。

大原　（笑）。

稲垣　結果的にお金に頼らないスキルが身について、ＦＩＲＥ達成したときには**「このお金って必要なくないか？」ってなっていたら、その人は最強ですね。でも「この貯めたお金で豪遊してやる！」となったら失敗**ですよね。

大原　そうですね。

ところでＦＩＲＥ界隈の人たちの間で一時期「＃ＦＩＲＥ卒業」というワードが流行ったらしいんですけど。

稲垣　それはどういうことなんですか？

大原　ＦＩＲＥを達成しました、となったときに、膨大なヒマな時間をどうするか悩んだ結果、結局また会社に戻るのが「＃ＦＩＲＥ卒業」っていうハッシュタグで流行ったんですって。

稲垣　ということは、ＦＩＲＥを達成した人がけっこういるんだ。

大原　うーん、どうなんだろう。流行るぐらいですからね。でも、そこで働くか働かないかの自由があるのはいいけど、ＦＩＲＥ卒業した先がまた働くしかないのであれば、結局同じことっていうか。

しかも、ＦＩＲＥ卒業者たちが行くところってだいたい会社で、フリーランスとかボランティアを「＃ＦＩＲＥ卒業」と言っている人、見たことがない。やっぱり「働く＝会社」なんですよ。中にはＦＩＲＥしてみた結果、「自分は会社で時間を決められて働く方が生活にメリハリがつく」ということがわかって、ポジティブに会社勤めに戻る人もいるんですよ。でも**全体的に「働く」の意味が狭いですよね。いろんな「働く」、つまり「人の役に立つ方法」があるはずなのに。**

稲垣 そう、本当に狭い。その「働く」の狭さと「お金」に対する固定観念の狭さ。実はこれってめちゃくちゃ大問題で、自分の場合もそのふたつが結びついて、それこそがずっと苦しみの元だった気がします。「お金が無いと幸せになれない」「そのためには嫌なことも我慢して働かなきゃいけない」。その考え方からどうしても抜け出せない自分が一番良くなかったんだって、今はよくわかるんですけど。

大原 あともうひとつ、FIREは投資がうまくいくという前提の話だと言いましたけど、やはり株式市場の低迷やインフレ率の上昇などで、期待していた利回りを得られなくて、仕方なく会社に戻る場合もあるみたいです。こっちの場合、そもそも働くか働かないかを決定する自由もない。で、**その敗因は、解決策をお金に全賭けしていること。**

そういう人たちの中では、家事とか、野菜作るとかは「働く」には入っていないでしょうね。自分で野菜育てるなんてコスパ悪いですもんね。

稲垣 コスパって本当に恐ろしい言葉です。

大原 すごい言葉ですよねえ。コストのパフォーマンス。

コスパ返し

稲垣　私は今、こういう生活を始めて良かったのは、**コストって感覚が無くなった**んです。

大原　わかります。コストなんて考えないです。

稲垣　例えば時間のことで言えば、「この時間は我慢して、後で楽しいことしよう」じゃなくて、全部楽しくやっている時間。もちろん、そこには苦労もありますよ。でも、**苦労とコストって違うじゃないですか。**苦労って、苦労してまでやり遂げたいことがあるってことそのものが幸せだと思うし、苦労した後に「頑張ってやって良かった」みたいなことがあるから、それこそ投資みたいなもので、逆に苦労があった方がおいしい感じがする。でも、コストって言っている限り、それはどこまでいってもマイナスでしかない。

大原　コストパフォーマンスが良い／悪いじゃなくて、コストパフォーマンスという概念そのものが無くなると、めっちゃ楽じゃないですか？

稲垣　そうなんです。**これがコスト、と分けるしんどさこそが人生のしんどさなんですよね。**ここに時間を割くのは無駄とか、この人間関係は無駄とか、それを言ってると、結局は自分でせっせと無駄を作り出してることになって、人生そのものが無駄だらけになる。

大原　コスパとか言っている人は、**この社会をコスパでジャッジし始めた瞬間に、自分もコスパでジャッジされる側になる**ってことがわからない。

稲垣　本当にそう!!　コスパ返しが来る。
　何かを「お得」に買うことが出来たとき、そのお得の先には泣いてる人がいる。つまり100円のものを90円で買ったとして、10円分は相手が泣いてるわけですよね。で、泣いている側に自分もいつ回るかわからない。誰もがいつ買い叩かれる立場になるかわからない世界に、誰もが加担している。それって本当にコスパが良いの？　って。

大原　買い叩きのループが起きてますよね。

稲垣　そうなんですよ。**気づけば世の中みんなが泣いていて、全員が下がっていく感じになってる**じゃないですか。その中に自分も確実にいるんですよね。だからこそそのループを断ち切りたい。実はそのために誰でも今すぐできることがあって、店側が泣くような買い物はしない、店の人に笑顔でいてほしいと思って買い物をする。それだけで世の中も確実に変わるし、何より自分が楽しくなる。それって小さな革命だと思っているんです。

主語の小ささ

大原　この間会ったとき、稲垣さんが「カフェにふたりで来て、ドリンク1杯しか頼まない人たちがいる」っておっしゃっていましたが、すごい話ですよね。本人たちはお得だと思っているんでしょうけど。

台湾でもけっこう話題になるんです。日本人観光客が、複数人でお店にやってきて、一品しか頼まない、と。もちろん一部の人ですよ。まあせっかく海外に来たんだから、食べ歩きしたいとかあると思うんですけど、じゃあテイクアウトして公園やホテルで食べるとか、誰にもイヤな思いをさせないやり方って、ちょっと考えればいろいろあると思うんですよね。でも、こういうのも根は一緒な気がします。

稲垣　本人たちはコスパが良い、賢い行動だと思っているんだと思うんです。その結果、そういう居心地の良いカフェがどんどん無くなっていくことの損失は考えていない。それだけじゃなくて、それって結局自分も損してるんですよ。店の人に嫌な思いをさせて、周囲の空気が悪くなる。せっかく感じのいいカフェに行ったのに台無しじゃないですか。**コスパ重視で生きていると、周りが泣いている人ばかりになる。不幸になった人に囲まれて生きることになる。それって絶対幸せじゃない。**

大原　自分だけ笑っていて、周りは泣いている。

稲垣　そんなこと本当はありえないじゃないですか。周りが泣いていていて自分だけ笑っているなんて。

大原 自分の幸せとか満足が、周りから切り離されてますよね。すごく主語が小さい、個人的な話になっている。だけど、この社会で生きている限り、幸せって自分だけで到達できるかと言えば、いろんな方向との有機的なつながりがあって、周りを必ず巻き込むものだから、自分だけ幸せで周りが泣いてるってことはありえないはずなんですよね。

稲垣 そこになかなか気づけない。私自身も長い間それに気づけなかった。

大原 僕も隠居する前は気づけなかったです。生活自体が自転車操業で、自分が少しでも楽になることばかり考えていた。自分の幸せと他人の幸せが両立する世界があるなんて思いもよりませんでした。

でも、カフェの話はすごいですよね。そこまでしてカフェ行きたいんだ。僕が隠居する前は、お金がないからスターバックスに行けなかった。行けてもドトール。ドトールも行けないときは自分の家でお茶を淹れてました。そこまでしてカフェ行くってすごくないですか？　カフェに行くこと自体は諦めないんだ。

稲垣 これは想像ですけど、きっとそういう人はお金がないわけじゃない気がします。服装もおしゃれだし最新の Mac 使って仕事してたりするし。でも「無駄なお金」は使いたくないんじゃないかな。一番お得なやり方で、カフェに行ってそこの雰囲気を享受するのがスマートだと思っているんだと思います。そこまでしてカフェに行くのかっていう点に関しては、ＳＮＳとかでみんなが発信している、幸せそうなライフスタイル像があるのかもしれない。カフェくらい行くのが普通、みたいな。

大原　うーん、そもそもカフェって得するために行く場所だったっけ？　とも思いますが。あと僕はへそ曲がりなんで、そういうメインストリームの価値観って「ケッ」とか思っていたんですよ。流行りに乗ってたまるか、と。

稲垣　今は、みんなこうしてるからそうするもんだ、という強迫観念が強まっている時代なのかもしれないですね。それで思い出したんですけど、最近、若い女の子たちが「出会いがない」「仕事がつまんない」「会社辞めたい」「引っ越したい」「でもお金がない」……って言うのを時々聞くんです。そのたびに、うーんって考えちゃって。出口がないですよね。

大原　**みんな同じ形の幸せをイメージしているのかな。**

稲垣　たぶんそうなんですよ。「出会いとか要らなくない？」とか思えてしまえば楽なのにね。だって、頭の中でドラマのような恋の相手との出会いを想定してるのかもしれないけど、そもそも出会いって、**近所のおばちゃんと挨拶する仲になるとか、野良猫に好かれるとかそういうのもあるわけで、今の私だとそれでもう十分幸せ**で、だから私は幸せなんです。でも彼女たちの言う出会いの範囲はきっともっと狭くて、そりゃハードル高すぎて越えられないのが当たり前じゃないですか。「仕事がつまんない」っていうのも、本当につまんなかったら転職を含めてやれることはあると思うんだけど、そこにやっぱりお金が絡んできて、今の会社を辞めたら給料が減る、そうなったら惨めな生活になるとか考え始めたらどうにも身動きが取れなくなってしまう。そう思うと、**メインストリームの幸せってかなり恐ろしいです。**よく考えたら、そもそもモノを消費させるための広告戦略から生まれたイメージなわけだから、出口がなくてどこまでもお金を使わせる方向にみんなを追い込んだ方が企業は儲かるんですよね。そこに気づけずなんとなく世間の価値観に乗っかっていると、ただ幸せになりたいだけなのに、気づけばどこまでも抜け出せない不幸のループにハマっていく時代なのかもしれない。

そこでお手本になるのが扁理さんだと思うんです。**まず「自分にとっての幸せって何?」をつかめばスタートラインに立てる。自分の足で立つってそういうことですよね。**

大原　なんか、**幸せが既製服みたいなんですよね。お仕着せの、世間が作ってくれた既製品。**もちろんそれが自然に似合っている人もいますし、それを選ぶ人が一概に悪いとも思えないんですけど。でも、それは稲垣さんがおっしゃったように、企業がもうけるために用意した「幸せの形」だから、来シーズンにはもう古くなって、言われるがままにまた買って、ということを続けていると、永遠にそこから自由にはなれないですもんね。

しかも、それに満足できなかったらおまえが悪い、みたいなことになっているじゃないですか。これって、もうほとんど脅迫だと思います。

僕にとっての幸せは、必要最低限だけ働いて、自分のことを自分でやって、あとはのんびり暮らすこと。地位も学歴も名誉もないし、世間から見たらだいぶ不格好だと思いますけど、幸せは自分で考えて作ることだって出来る。そこから自分の足で立つことが始まる。

稲垣　私も世間が言う幸せが幸せだとずっと思っていたんです。でもそこから外れてみると「なぜそんなことにこだわっていたんだろう？」って、今となっては謎しかない。だから、みんなも早くそこから目覚めればいいのにな。目覚めてしまえば本当に楽。

大原　でも、実感としてどうですか？　稲垣さんと同世代で、稲垣さんみたいな選択をして、稲垣さんみたいな生活をしてる人ってどれくらいいます？

稲垣　よく「すごく羨ましい」って言われるんです。え、そうなの？　って喜んでいると**「でも、私には出来ませんけど」**って。

大原　あ、一緒だ。

稲垣　あと、「稲垣さんだから出来る」とも言われます。「どうせお金があるから出来るんでしょ？」とも言われる。つまり、みんなやりたくないのかな。

大原　やらない理由って、めちゃくちゃ見つかりますよね。

稲垣 ただ、結果を見ると羨ましいっていうのはあるんだと思います。やりたくないっていうのは拒否しているんじゃなくて、「たしかにそっちの方が楽しそう」とは思う。でも、そう簡単には出来ないと。確かにその気持ちはわからないわけじゃなくて、私もたまたま原発事故とか早期退職とかいろんなきっかけがあったからこういうことになったけれど、そういうある種のマイナスのインパクトが何もなかったら、価値観を変えるってそうそう簡単には出来ないですよね。

でも、実際は特に若い人たちの中で、コスパ的な人たちとは真逆に、扁理さんや私のように自分の物差しで、都会でも田舎でも面白そうなことをやっている人もいっぱいいますよね。私みたいに本を書いて自慢したりしてないから可視化されていないだけで、**自然に今までの常識から脱け出して、そういうことが出来ている人が増えているのはスゴイ**ことだと思います。

大原 そうですね。「20代で隠居」も、表に出ていないだけで、やっていた人はいたはずです。表に出ると隠居じゃないから、気づかれなかっただけで、実はたくさんいるのかもしれないですね。

2

FIRE前夜を振り返る

●——ここで、大原さんのこれまでの職歴を教えてもらえますか？

大原 まず、中学校を卒業した翌日から、近所の中華料理屋でアルバイトを始めました。なんでそんなに早く働き始めたかというと、親からいつも「ウチは貧乏だ」と言い聞かされて育ったので、早く自分でお金を稼げるようにならなければ、という焦りがあったんです。といっても衣食住はあったわけなので、いま思うとあれは洗脳だったのではないかと思うんですけど（笑）。結果的には人より早く自立心が身についたので良かったと思ってます。

で、中華料理屋で1年ちょっと働いたところで実家が引っ越したので、そこは辞めてコンビニで働き始めました。まだ高校生だったんですけど、**ずっとコンビニで働き続けていたら、就職や進学のムーブメントに乗り遅れた。**

稲垣 ムーブメント！　いやいやそれ、そのとき始まった流行《ムーブメント》じゃないですよね。

大原 確かに。でも、自分には勉強したいことがないし、勤めたい会社もないし、面接でアピールできることも何もないし、っていちいち考えちゃったんです。

稲垣 ある意味すごいです。尊敬します。まじめですね。

大原 僕はそういうムーブメントに難なく乗れる人の方がすごくて、自分はダメなんだと思ってました。とにかく、それまで自由に生きてた子たちが、急に髪の毛を黒くしたり、スカートの丈を直し始めたりして、「え、何？　何事？」と思っているうちに卒業しちゃって。

そしたら現状維持というか、バイトしていたコンビニで働き続けることしかなくて。で、バイトは3年くらい続けていたんですけど、だんだん言葉が出てこなくなってきたんです。バイト以外の時間はずっと誰にも会わずに引きこもっていたから、機能が退化して。コンビニ接客用のマニュアルは出てくるんですけど、頭で考えたことを話す行為が出来なくなってしまいました。**で、「これはヤバイ」と思って、20歳ぐらいの頃に世界一周の旅に出たんです。**そうしたら必然的に喋んなきゃいけなくなるから。

稲垣 引きこもりから世界一周！　振れ幅がすごすぎる（笑）。「世界一周」と軽くおっしゃいましたけど、それってかなり怖いというか、勇気が必要じゃないですか？

大原 まず英語が好きだったので。

稲垣 そこですか。それもある意味すごい。英語は話せたってことですか。ちなみに私は話せないです。学校で習って話せるようになったんですか？

大原 そうですね。好きだから学校の外でもやるんです。テレビを観るときは英語（副音声）にしたりとか。あと、学校にAET（アシスタント・イングリッシュ・ティーチャー）がいますよね。そのAETに金魚のふんみたいにくっついて、ずっと喋りかけたりして。友達にも英語でメールして無視されたり（笑）。メモするのも、携帯の言語設定も英語。つまり生活の中で、英語に変換できるものは全部変換しました。そんなことをしていたら、なんとなく英語が話せるようになりました。で、海外でちゃんと通じるのかを試したくなって。あと、アルバイトのおかげでお金も貯まってきたし、言葉が出てこないのを治す必要にも駆られて、世界一周に行ってみよう！　と。

大原扁理、世界一周の旅

大原　でも、バカだったな〜と思うのは、１００万円ぐらいで世界一周が出来るわけないんですよ。まず世界一周航空券で60万円ぐらいかかって、残り40万円ぐらいで行かなきゃいけないわけです。そしたらもう、あっという間にお金が尽きて、世界各国で働いて。

稲垣　働いたんだ、それもすごい。でもそれって……違法では？

大原　違法なんですよ。

稲垣　（笑）。でもさ、違法だとしても、っていうか違法ってことも含めて、何も知らない土地で法律まで犯して就職先見つけて、いちおう向こうに雇ってもらうだけの信用をしてもらわなくちゃいけないし。観光旅行よりよっぽどハードルが高いですよね。

大原　そうなんです。ただ、やっぱり若さと無知のなせるワザっていうか、そういうことを全然考えてなかったんですよ。「お金が無くなっちゃった、働かなきゃ！」みたいな感じで、

ストリートの端から端までお店を1軒ずつノックして、「すみませーん、仕事探してるんですけど」って英語で尋ねて回って。ハワイでは、道ばたで観光客にビラを配る仕事をやったりとか。ニューヨークでは日本食レストランで、バスボーイっていうウェイターの手伝いみたいなことをしたり。ロンドンでは、インターネットカフェっていうのが当時ありまして、そこで働いたりしていました。

稲垣　それは全部、ピンポン作戦で？

大原　そうそう。今だったらそんな大胆なことをする勇気ないです。それで面白かったのが、日本人が経営してる店は、すべて門前払いなんです。話も聞いてくれない。

稲垣　えーっ。なんでだろう。違法だからかな？

大原　当然そうだと思います。日本人ってルールをすごく守るじゃないですか。それは良いことなんですけど。で、まず「何のビザ持ってます？」から入って、「あ、実は持ってなくて……」って言った瞬間に「ダメですね」って。確かにダメなんですよ。それで、当時思ったのが、**海外で何がいちばん辛いって、仕事が見つからないことじゃなくて、目の前で心のシャッターをガラガラガラって降ろされることなんです。**

稲垣　わかる！

大原　つまり、**ひとつフツーから外れると、もう人間扱いされなくなる。**これは辛い、と思って、だんだん日本人のお店には行かなくなっちゃいました。それで、ヨーロッパ系の移民とかがやっているお店に行くようになったんです。

日本人の対応って、まあ、全員じゃないと思いますけど、すごく四角四面だったんですよね。だけど、日本人以外の人たちがやっているお店は、ダメはダメだとしても、最後に一言「頑張ってね!」とか、「マネージャー今いないから、また来て」とか、「きっと何か見つかるよ!」とか。

稲垣 **心を寄せてくれる**んだ。

大原 そうそう。彼らも移民だから、気持ちがわかるんだと思うんです。なんか、私は若かったから、やっぱり同郷の日本人は助け合うものだと思って。

稲垣 確かに普通に考えたら、気の毒に思って雇ってくれそうな気がしますよね。

大原 そう。雇ってくれないにしても「あっちのお店なら仕事あるかもよ」とか、一切無かった。それにビックリして。いや何度も言いますけど、違法労働はダメなんですよ。だってバレたら相手にも迷惑がかかる。でもまあ、運良く、仕事しながら旅を続けることは出来たんですけど。

そこで、良い悪いの話ではないんですが、僕がおもしろいなと思ったのは、**日本人がひとつの大きな規範に従うとしたら、外国人は規範を何重にも持っているんだな、という感**

じがしたんです。国が決めたルールはひとつあるけれど、私の価値観ではこうだから、と。それは外国人限定の話ではなくて、目の前のリアルはいつもルールをはみ出してくるということが、市民全体に共通認識として行き渡っている印象を受けたんです。たぶん、そうでないと現実に太刀打ちできないから。だから、こちらのルールでは受け入れてもらえなくても、あちらのルールではOK、ということがある。つまり、自分がダメなんだと思わないで済む。そのことがすごくありがたかった。

で、ここからは法律とは別の、ストリートの話なので、違法労働はもちろんダメという前提で話しますけど、僕の同僚にはいろんな人がいたんですね。主に外国人、つまり本国人ではない人たちでしたけど、コソボ難民、指が無い人、読み書きが出来ない人、貧しい留学生、あと薬物中毒っぽい人もいました。おそらく犯罪歴があるとか、労働が認められていないとかで、他で雇ってもらえない事情のある、ワケアリっぽい人が多かった。

僕はいつでも日本に帰れる立場だったので除外するとしても、この社会にはルールに従っていたら食っていけなくなる人たちがいるんだ、ってそのとき初めて知ったんです。逆に言えば、**ルールに従ってさえいれば食っていける状況にいること自体が特権的なことだったんだな、**と。人生で一瞬でも自分が「違法外国人労働者」になって、そこから社会を見ることが出来たのは、めちゃくちゃ貴重な体験でした。ただ、危ないことに巻き込まれる可能性もあるし、これを読んでいる若い人たちは絶対マネしないでほしいんですけど。

で、たとえ違法であったとしても雇ってくれたことで、僕の中に何が残ったのかと言えば、フツーから外れていたにもかかわらず、僕を人間扱いしてくれたあの社会全体への感謝の気持ちなんです。今は外国人に対する態度もずいぶん変わってしまったと思いますが、僕の中には良い感情しかない。何らかの形で恩返ししたいとすら思ってる。もし僕がまた、アメリカとイギリスに行くことがあったら、**あのとき稼いだ以上のお金を落とすぞ！　と思っているし、お金が無くても恩返しの方法なんていくらでもあるじゃないですか。**日本で困っている外国人を助けるとかね。そのときに、「いやいや僕も若い頃、あなたの国で助けてもらったんだよ」って伝えたい。あの店で働いていた人たちは、今ごろ世界各地に散らばってると思いますけど、たぶんみんな同じ気持ちなのではないかと思うんです。

稲垣　なるほど。それ、めちゃくちゃいい話ですね。人と人がつながることの本質というか。助けたら、助けられる。助けられたら、助ける。その「ムーブメント」をごく普通の人が作り出しているんだって、すごく希望のある話です。

あと、ルールがひとつじゃないっていう考え方はすごくいいですね。ずっと日本にいるとルールはひとつっていう感覚がいつの間にか当たり前になって、それでも一昔前まではグレーゾーンみたいなのがけっこうあって「まあいいじゃん」っていう領域があった気がしますけど、今は良くも悪くもそういうなあなあが許されなくなって、自分にも他人にも厳しい社会になっているところがありますよね。

でも確かによく考えたら、ルールって集団によって、時代によって、状況によって変わるわけで、特にこれほど不安定で明日はどうなるかわからない時代になると、**少なくとも社会のルールとは別に「マイルール」を持っていることはすごく大事だし、それが人とつながる一番のポイントかもしれないな**と思いました。

大原 はい。その方が、人生で起こりうるいろんな事態に臨機応変に対応できるし、何より自分が辛くないいんじゃないかと。

で、話を戻しますが、日本に帰ってきて、僕、もともと働いていたコンビニに戻ったんです。

稲垣 そこでコンビニのアルバイトに戻るのがまた面白い。もう自分が大丈夫だから、戻ってもいいってこと?

大原 そう、新たに面接される手間もないし。

人間の機械化

大原 でも、その頃には一人暮らしの楽しさを覚えていたから、次は一人暮らしだなと。で、またお金を貯め始めて。どうせ暮らすなら日本でいちばん面白い街、と思って東京に来たんです。

稲垣 なるほど。

大原 あ、上京する前は、コンビニとは別にちょっと派遣で働いたりもしていましたね。業務用のリフトとかエアコンの部品を作っている工場で、週5日。それが1年ちょっと。
　それがもう辛くて辛くて、全然仕事を覚えられなかったんです。何のときに何のドリルを交換するとか、間違えまくって、自分の月給より高い機械をどんどん壊しちゃって。めっちゃ怒られて、すごく辛かった。

稲垣 向いていなかったんですね……。

大原 向いていなかったです。コンビニの方が融通がきくから。

稲垣 そうか、工場の方がきっちり分刻み。

大原 そう。で、それって人間をやめることというか、人間の機械化ですよね。それが向いてる人もいると思いますけど、僕は出来なかった。そういう意味では、**コンビニの方が人間らしく働けた**気がします。まあ、接客はちょっと機械化しなきゃいけなかったですけど……というような流れで東京に引っ越してきました、と。

稲垣 そのときおいくつだったんですか？

大原 23歳でした。で、アルバイトから始めますよね。東京の家賃は高いから3つくらいバイトを掛け持ちして。でも、バイトってひとりが長時間入ると、穴が空いたときにたいへんだから、ちょっとしかシフトを入れてもらえないんです。そしたら、毎日働いているにもかかわらず、家賃は払えるけどそれ以外のものが払えない状況になってきて。

稲垣 それはバイトの時間が細切れで、収入が低すぎたせいで？

大原 そうですね。細切れにしなくても低かった（笑）。

稲垣 そのときはどんなバイトをしていたんですか？

大原 コンビニ、本屋、工場、あとは日払いとか。**だから、あの生活がずっと続くと思ったら、**

FIREを目指す人の気持ちはすごくわかります。

稲垣 そのときの大原さんの希望の持てなさは、お金が無いことと、仕事の内容と、自分がこの仕事を続けた先に何があるのか？　っていう虚無感ですかね。

大原 そうですね。だから、普通にお金を稼げていたら、隠居生活を目指そうと思わなかったかもしれないですね。だけど面白いのは、僕は普通に働くことからドロップアウトしたから隠居になったんですけど、カフェでＦＩＲＥ本を読んでいる人たちはおそらく普通に働けているはず。だって、スタバでMac広げているようなハイソな人たちじゃないですか。

スタバでＭａｃ広げているような人たちでしょ？

稲垣 確かにみんなMacだったかも。少なくとも見た目はお金を持っている感じです。でも、たぶん、扁理さんと同じなんじゃないかとも思いました。ある程度ちゃんとした会社に勤めていても、そこで働いている時間は虚無っていうか、自分を殺して「家賃のため／生きていくためには働かなきゃ」っていう。あと将来への不安もあると思う。ＡＩ時代にどう仕事を確保するかとか、人生１００年時代にリスキリングしないと生き残れないとか、長い間世の中を回していた前提みたいなものがここへきて一気に崩れてきて、**こうやって生きれば大体大丈夫みたいな鉄板のものがなくなっちゃった時代に、資産を増やすことが唯**

一の鉄板になっているんじゃないかな。

でも、お金の問題はあるとしても、職場で何かワクワクするようなことって、扁理さんはちょっとでもなかったですか？　何でもいいんですけど、たとえば同僚と仲良しになる、とか。

大原　うーん、勤務先によって、異物扱いされるときと仲良くなれるときがあって。地元のコンビニではすごく仲良くなれたんです。でも、都会の職場では仲良く出来なかった。同僚とどうコミュニケーションをとればいいのかが全然見えなくて。見えない壁がありました。話しかけてもダメ、話しかけなくてもダメ、みたいな。ワクワクすること……ダメだ、思いつかない。

稲垣　「隠居」って聞くと人間嫌いと思われるかもしれないですけど、扁理さんってそうじゃないですよね。

大原　そうですね。**人は好き。見ているのも好きです。だから自分がもし無人島に行ったら、ちょっと耐えられないと思う。**

稲垣　どうしてこの質問をしたかというと、扁理さんと私はちょうど20歳違うんです。だから、扁理さんから見たら私なんかはザ・旧世代で、その旧世代にとって会社に勤めるってことは、お金以外にもワクワクすることがあったんです。世の中にまだ余裕があったんですよね。会社の旧き良き香りが残ってる最後の時代。
もちろん就職してからバブル崩壊もあったけど、まだ社員をそこまで成果主義で駆り立てることもなく、ある程度助け合う感じがあった。

大原 昔のドキュメンタリーで観ましたけど、休日も旅行だ何だと会社の人たちと一緒にいる、みたいな？

稲垣 さすがにそこまでじゃないけど。私の親の世代はそんな感じだったのかも。社宅があって、そこに同じ会社の人たちが家族で住んで仲良しで、みたいな。今からは想像もつかないですよね。

大原 だから昔は、会社＝人生みたいな時代だったのが、**今は会社を辞めても、また別の人生というか世界がきっとある。**

稲垣 そうですね。今の人はそこまで会社に軸足を置きすぎていない、っていうかたぶんまったく軸足を置いてないと思います。私たちの頃は……って言うと、すごい年寄りみたいだけど、会社とうまく付き合っていけばそれなりに与えられるものがあって、そこに依存することで社会でまともな人間として存在することができた。でも、結局それって、会社にそれだけの余裕があって、要は会社が成長していくから給料も上がる、ということをみんなが信じられたからうまくいっていたんですよね。増えていくパイを分け合ってお互い仲良く、みたいな。でも今は会社にも社員にもそんな余裕が無くなった。**だから会社にいるのが幸せというのはリアリティゼロ。**それはわかるつもりだし、むしろそんな時代だからこそ、働くっていうことを会社にこだわらずフラットに考えた方がいいし、むしろそう考えられないと危ういことになるかもしれない。

投資だけがFIREなのか

大原　だから、FIRE本をカフェで読んでいる人たちは、ある程度のお金を持っているから、FIREを考えられるスタート地点に立つことが出来ているわけですよ。

稲垣　その「お金を持っている」っていうのは、どれくらいのイメージですか？

大原　FIREにもいろいろありますけど、たとえば毎月3千円から始められるとか、とりあえずそのお金があるわけですよね。僕が上京してきたときは、そんなこと言ってられなかった。毎月3千円の投資なんて考えられないくらい余裕が無かったんです。だからとりあえず、ある程度の余裕があって、困らないお金があるわけですよね。

稲垣　ちゃんと食べられるお金があって、さらに使わないお金がある程度ある。

大原　そう。ちょっと話が逸れるかもしれないですけど、稲垣さんの言う「お金から自由になるために、結局お金に依存してる」っていうのは、FIREに対する重要な疑問だと思うんです。FIRE（Financial Independence, Retire Early）という言葉そのものには、money（お金）とかInvestment（投資）とかいう単語が入っていないわけです。そもそも投資なんて一言も言っていないのに、なぜ、いったい誰が、投資によるFIREだけがFIREってことにしたんだろう？　という疑問。この入り口の段階で視野が狭まっちゃうと、お金以外の可能性がわからなくなっちゃう危険性がありますよね。

それからもうひとつ、**「Financial Independence, Retire Earlyの中に、Happy（幸せ）という言葉が入っていないと思ったんです。**

稲垣　確かに。

大原　結局FIREしてもしなくても、Happyはそれと別に自力でつかまなきゃいけないんだと。つまり、FIREを達成しても不幸せな人もいるし、FIREを達成していなくてもすでに幸福になっている人もいるってことじゃないですか。ここにいろんなことの本質がある、と思いました。

だから、きっと、**FIREを達成した後で気づくんでしょう。「あれ？　幸せって自分でならなきゃいけないんだ」って。**

稲垣　そこなんですけどね、そう気づけばいいなと思うんですけど、最後まで気づけない人もいるんじゃないかな。「お金=幸せ」というのがあまりにも当然のことになりすぎて、なかなかそこから抜け出せない。そこで私の場合は……遅れましたけど、ここで私の自己紹介をします。

大原 (笑)。

お金をたくさん稼げば幸せになれる?

稲垣 **私はまさに、「お金があれば幸せになれる」というベクトルだけで生きてきたんです。**親もちょうど高度成長時代のサラリーマンだったので、経済が右肩上がりの、植木等的なサラリーマンみたいな、「サラリーマンは/気楽な稼業ときたもんだ」っていう……。

大原 ああ、なんか聞いたことあります。

稲垣 そう言われるとめっちゃ歴史な感じですけど(笑)、確かに今にして思えば信じられないような能天気な時代で、サラリーマンになってしまえば、あとは社内のごちゃごちゃしたことをそれなりにこなしていれば、一億総中流のひとりとして生きられるという。

それに、私が生まれたのは戦後20年の年なので、今と比べたらほとんどの人がまだまだ貧しかったんですよ。だからお金を稼いで、家族を作って、三種の神器(電気洗濯機、電気冷蔵庫、白黒テレビ）を買い揃えながら、家もちょっとずつ大きくなって、というのがみんなの夢で、私もその空気を吸って育って。なので、自分も大人になったら良い会社に就職し、安定したお給料をもらって、そしたら自分で美味しいものを食べたり、好きな洋服を買ったり、好きなことが何でも出来る……そう、**お金をたくさん稼げば幸せになれる！そのことに1ミリも疑いを持たずにずっと生きてきたんです。**ステータスのある大企業に勤めていて、他人よりいい給料をもらっていい生活をしているってことが、結局なんだかんだ言ってずっと自分のプライドだった。で、なんとなくそのまま人生を終えるようなつもりでいたんですが、40歳の頃に「待てよ、これは一生続かないな」と気づいて。

だって、まず会社は定年になったら退職しなきゃいけないですよね。**お金だけに頼っていたらそれからは収入も激減するわけだから、惨めになるばかりじゃないですか。**昔はあんな高い服が買えたのに、あんな高級な店で食事ができたのに、今は……みたいな。そういう、普通よりランクが上であることが良いことだという考えのままでいたら、**いわゆる第二の人生はガマンと惨めなことばっかりになる。**そんな愚痴ばっかり言って人生の後半戦を死ぬまで生きていくのは絶対イヤだなと。そこで、お金だけに幸せを頼っているのはマズイ、**お金がなくてもハッピーなライフスタイルを作っていかなきゃいけないと意識し始めたんです。**

無い面白さ貯金

大原 その頃すでに、いつかは朝日新聞社を辞めると考えていたんですか？

稲垣 最初はそこまでは考えてなかったです。最初に想定したのは定年後ですね。定年後は収入が絶対下がるんだから、その時に備えて、幸せをお金に頼っている価値観を変えていこう、お金を使わないことをポジティブに捉えられる蓄積をしていこうと。まずはベタなことですけど、近所を散歩するとか、山登りをしてその帰りに直売所で野菜を買うとか。で、何でもやってみるもんで、そういうのがいちいちすごく面白くて、「あ、お金を使わない面白いことって、実はその辺にめちゃくちゃたくさんある」って気づいたんです。

あと、福島の原発事故をきっかけに始めた超節電生活もすごく大きかった。原発のない生活ってどんなもんだろうと思って、エアコンとかテレビとか掃除機とか洗濯機とか、それまでずっと「無きゃ生きていけない」と思っていたものを恐る恐る手放していったんですけど、これがやってみたら案外なんとかなった。で、**そのことが、どんな高価なものを買うことよりも、めちゃくちゃ解放感があったんですよ。**無きゃ生きていけないと思っていたものが、無くても全然生きていける！　って、**その楽しさは、これまでまったく経験し**

たことのないような、爆発的なものだったんです。

つまり、私は「無い」ことの楽しさにどんどん気づいていったんです。それまでずっと、「ある」ことが幸せで「無い」ことは不幸と決めてかかっていたけれど、まったくそうじゃなかった。そんな**「無い面白さ貯金」**が自分の中にめっちゃ貯まってきていたので、たぶん会社を辞められたんです。辞めたときに再就職しようとは全然思わなかったし、一生無職のままでも、大きく稼いでいけなくても、きっと手持ちのお金で楽しくやっていけると思えた。それが私のＦＩＲＥですね。扁理さんより全然甘いけど、隠居的な小さい生活でやっていけそうな確信があった。

大原　なるほど。

買う・作る・もらう

稲垣　それに、お金を使わない楽しみを一旦見つけてしまったら、どんどん加速度がついていったんですよね。大きな価値観を転換することに成功したときって、最初はすごく抵抗があるけど、一旦走り出したらそういう感じになる。たとえば今、私は何かが欲しいなと思った時に、**買う・作る・もらう、という3つの手段があって、今や「買う」は私の中では最**

低最悪の手段。いやもう買うしかないか、ってなったら、私って能無しだなーと思って落ち込む。

それくらい、今となってはお金で出来ることは案外すごく少ないんだと思うようになりました。もちろんお金でしか出来ないこともありますけど、それはほとんど、人のためにお金を使う、みたいなことですね。誰かにお礼や対価を差し出す場合、物々交換だとお互いのニーズが合わないことがあるし、遠くの人だと直接のコミュニケーションが取れない、**そういう場合にはお金ってすごく便利です。**

でも、自分の欲を満たすための手段としては、お金はかなり無力。たとえば今の私がいちばん求めているのは「良い文章を書きたい」「ピアノが上手くなりたい」、このふたつなんですけど、これ、どちらもお金をいくら積んでも絶対手に入らない。スタインウェイ＆サンズのピアノを買ってピアノが上手くなれるんだったら借金してでも買いたいですけど、まーったく関係ないですからね。だから、お金で手に入るものって……それこそ友情が買えるわけでもなく、お金で手に入るものって逆に何？　と考えてしまう。

だからお金が無くていいとは言わないし、お金を稼ぐことや使うことも、みんなが助け合って生きるための有力な手段のひとつだと思っていますけど、お金で自分の幸せが買えるとはまったく思っていないですね。で、そう思えるようになることがお金から自由になるっていうことなんじゃないでしょうか。

大原 本当にそのとおりだと思います。**幸せをお金で買えないってことは、ある意味フェアですよね。** 逆に言えば、お金が無くても諦めなくていいってことですから。嬉しいですね、これだけ歳の離れている稲垣さんと同じ考えだっていうのが。

稲垣 そうなんですよ。そこが嬉しいし、面白い。だって私と違って扁理さんは、最初にお金で苦労しているじゃないですか。

大原 そうですね。

稲垣 私がこういうことを言うと、「いや、稲垣さんは余裕があるから、そうは言ってもお金を持っているからそんなことが言えるんだ」と言われる。たしかに持っているんです。退職金も出たし。でも、そういう考え方をすること自体が、お金に囚われているというか、「お金があれば何でも出来る、お金がないと何にも出来ない」っていう地獄の発想そのものだと思うんです。でも、それを私が言ってもあんまり説得力がないんですよね。扁理さんはそうではない。

もうこんな生活は嫌！

稲垣 なのでそのお金の苦労の話をあらためて伺いたいんですけど、扁理さんはFIREを目指そうにも、投資用の月3千円が出せなかったっておっしゃってたじゃないですか。そういう状況だと、逆にお金に執着しそうですけど。

大原 僕が隠居生活を始めたときって、稲垣さんと違って「これなら生活できる」って目処が立ってなかったんです。

稲垣 ですよね。そこがすごい。言っちゃなんですけど、もうやぶれかぶれで？

大原 そう。「もうこんな生活は嫌！」と思って、何も考えずに、とりあえず郊外の家賃の安いアパートに引っ越したんです。「とにかく逃げたい！」ってことしか考えていなかった。そしたら、家賃が低いと思いがけず生活の余裕が出来て、「あ、この仕事やんなくていいかも」「この友達いらないかも」「携帯電話いらないかも」みたいな感じで、**不必要なモノがクリアになってきた。それで、今まで必要だと思ってたモノは何だったの？ と。**

最初はそうなると思っていなかったし、むしろ「このまま野垂れ死にかな」と思っていましたけど、結局うまいこと、本当に必要なモノの取捨選択ができて、収入が下がったのに経済的に自立できた、という不思議な現象が起こったんです。

稲垣 それってかなりすごいと思います。普通は「無くてもいいかも」となる前に、無いからこそ「無いこと」にこだわりがちじゃないですか。なのにそうならず、自分の暮らしの中にある不要なモノに気づくきっかけって何だったんですか？

たとえばニュースとか見てると「コロナ禍で収入が減ってこんなに大変で……」って、苦しい時にはみんなお金の話だけになっちゃう。そこで「いや、お金が無くても楽しいことってあるよね」みたいなことにはならないし、他人もそうは思っていても言えないし、っていうか、そもそも安易にそんなこと言うべきでもない。そんなこんなで、現実にお金が無いと、よけいに「お金が無い」ってところだけに集中していくのが人間だと思うんです。だから、扁理さんは現実にお金が無い中で、なぜそういう風にポジティブになっていったのかがすごく知りたい。

大原 性格がひん曲がってるからじゃないですか？（笑）もともと面倒くさがりなので買い物が嫌いだし、家が好きだからなるべく外に出たくない。そんなに贅沢志向じゃなかったっていうのもありますね。お金を使わなくてもいい人間だったのに、（隠居生活をすることで）必要だと思い込んでたけど実際は不要だったモノが洗い出された感じですかね。そうすると、ますます**「アレもコレも無くても生きていけるじゃん」って拍車がかかって、年収90万円だったのにお金が余った。**

自分にとって必要な収入額

稲垣 さらに突っ込んで申し訳ないですけど、家賃を圧縮することでお金の余裕が出来たわけじゃないですか。そしたら、別に不要なものを洗い出さなくても、今までの生活は維持できたりするわけですよね？

大原 携帯電話を捨てなくても？

稲垣 そうそう。現状維持のままでも余裕が生まれるじゃないですか。そうすると「良かった、携帯は手放さずに済んだ！」ってなって、そのまま抱え込みたくなる人が多いんじゃないかと思うんですけど。

大原 そうはならなかったんですよね～。きっと生活水準を維持するよりも、働くのが嫌だったんでしょうね。

稲垣 ああ、そうか。「働かなくてもいい」を追求して、これを無くせばもっと働かなくてもいいかも、みたいな。

大原 そうそう。人並みに携帯電話なんか持つよりも、余分な労働をしなくて済むことの方が自分にとっては贅沢なことだった。それはたぶん、自分という人間はどうすれば満足なのかを普段から考えていたから出来たんだと思います。

稲垣 連絡手段はどうしていたんですか？

大原 パソコンは持っていたので、メールです。あと、東京で隠居してたときは、ネット回線についてた固定電話もあったので。そしたらますます連絡が来なくなって、勝手に人間関係も淘汰されていった。本当に僕と連絡を取りたい友達は固定電話にかけてくるはずだから。そうすると自分で選んだわけじゃないのに必要な人だけが残るので「すごく便利〜」と思いました。

稲垣 確かに、**実際やってみて「なんだこれでいいじゃん」ってわかることって、すごくありますよね。**私も、家賃を圧縮するために今の小さな家に引っ越したときに、給料も入ってこないし、最初はほとんど収入のあても無かったので、まあまあ不安じゃないですか。貯金はあっても、ずっとこのままいったらどうなるんだろうって。

でも、いざ暮らし始めたら小さい家の方が掃除も楽だし、食べ物も外食をしなくなったら**自分は実は粗食が好きってこともわかった。**つまりはこれで十分幸せだったんです。

ということは、考えてみたらこれまで何十年、必死に働いてたくさん給料をもらって、このお金がもらえなくなったら生きていけない、自分が自分じゃなくなると思っていたんですけど、こんなにちょっとのお金で衣食住が満たされるんだったら、これが賄える分だけ働いていれば良かったのに、会社に必要以上の時間とエネルギーを費やして無駄なお金を稼いできたのかもしれないと思いました。もちろん会社の仕事にはやりがいも楽しいこともあったし、やって良かったと思っていますけど、少なくとも嫌なことでも我慢しなきゃたちまち路頭に迷うなんてことは全然なかったんですよね。だから、今の扁理さんの話はすごくよくわかります。

大原 本当は小さな生活でも十分幸せなのに、自分とコミュニケーションが取れていないという か、気づいてない人がたくさんいるのかもしれないですね。

稲垣 お金使わないで暮らす＝無理とか、マイナスイメージしかない人がほとんどだと思うんです。でも、お金を使う楽しみもいいけど、お金を使わない楽しみもそれと同じくらいある。そっちの楽しみをみんな知らない。

大原 そうですよね。**みんな「幸せに至るには資本主義という一本道しかない！」っていう感じですよね。**

結局、**僕が大事にしてるのは、自分が自分に対して「いいね！」が出来るかどうか。**どれだけお金を稼いでいても、稼げていなくても、自分に「いいね！」が出来ないようになったら終わりだと思っています。

3

何から
リタイアすべきか

●——あのー、素朴な疑問なんですけど、おふたりは「年に一度くらいは高級レストランでフランス料理が食べたい」とか思わないんですか？

大原 そもそも食べたことがないからわからないです。たぶんそこに世代の違いがあって、稲垣さんは上昇志向だった時代から生活水準を下げる苦しみがあると思うんですけど、僕の世代は生活水準をそもそも上げられない苦しみがあるのかな、と。

稲垣 なるほど。

大原 でも僕、生活水準を上げなくても、すぐ幸せになっちゃうんですよ。よく言ってるんですけど、お茶飲みながら本読むだけでもう幸せ。

稲垣 それ、キーワードですね。「幸せのハードルをどこに設定するか」。扁理さんのおっしゃるとおりで、**「幸せのハードルが低いほど幸せになれる」。これは鉄則だと思います。**私の場合、ごちそうを食べるとお腹を壊すようになったんです。

大原 現実的な問題。

稲垣 私もびっくりしたんです。でも実際、普段粗食しか食べていないじゃないですか。そうすると、胃がそういうもんだと思って待っているらしい。急にこってりしたものがやってくると、「聞いてないよ！」って。全然用意していない消化酵素とかがあるらしくて。で、実際にお腹を壊すの。だから今、接待とか、基本お断りしています。お腹壊すから。

大原　僕の場合も、肉を食べると同じことが起きます。だから自然に食べなくなった。ただ、そうは言っても、トラベルライターの仕事をやっていたので、取材で肉を食べなきゃいけない場合があるんです。とくに韓国取材に行くと、焼き肉を3連チャンみたいなケースがある。そういうときは、取材の1週間前ぐらいから少しずつ肉を食べて身体を慣らしていく。

稲垣　わかるー。

大原　だから、僕も身体の要請で贅沢をしなくなった。

料理本からのリタイア

大原　そう言えば、稲垣さんの『もうレシピ本はいらない』という本を面白く読みました。

僕がこれまで読んできたレシピ本に持っている違和感って……人間の生活っていろいろな場面があるじゃないですか？　料理は単体で存在しているものではなくて、**どこでどういう生活をしている人が、何を考え、何を大切にしていて、いつ、誰と、どんな機会にこれを作って食べているのか。そういうことなしに、料理は存在できないはずなんですよ。**

そこで、料理のことだけを切り取られると、全体とのつながりがわからないんです。自分の生活と、どう関連させていけばいいのか。稲垣さんの『もうレシピ本はいらない』や

『アフロえみ子の四季の食卓』は、そのバックグラウンドにある生活や歴史まで書かれているから、すごく説得力があります。

稲垣 まさに私、もともとは「どんな場面かは関係なく、ただただやみくもにご馳走を食べるのがいいんだと思考停止してた人間」だったんです。だからずっとレシピ本マニアで、毎日それを見てめちゃくちゃ凝った料理を作ってた。それが今の暮らしを始めて、冷蔵庫もないしカセットコンロ生活だしってなって、結果的に毎日「メシ・汁・漬物」の生活になって、そうなってみて初めて、いや私これで十分満足、っていうかこれが一番最高じゃんって気づいて、そしたら生きることがめちゃくちゃ楽になった。だって**生きていくって突き詰めれば「食っていく」ってことだから、そこが楽になれば生きていくことも楽になる**んですよね。そういうことを伝えたくて本を書いたんです。

今にして思えば、レシピ本の料理って、あれは家庭料理じゃないですよね。

大原 料理というものを固定してしまいましたよね。めったに使わないスパイスを使ったりして。手間も時間もすごくかかる。

稲垣 あんな派手な、パーティー料理みたいなものをなぜ毎日作っていたんだ⁉ と、今となってはつくづく思う。

大原 かくいう僕も、いちばん最初に料理を始めたときって、レシピ本から入ったんです。でも、根が面倒くさがりなので、そこからカスタマイズして、レシピどおりに作らなくてもいいや、と思ってだんだん省略していった。

稲垣　それは立派です。私なんか、ずーっとずーっとひたすらレシピ本通りに作っていた。レシピ本を見ない料理なんて料理じゃないくらいに思ってましたもん。なのでどんどんレシピ本は増えるばかりで山積みになってました。

大原　お母さんの影響もあるんですか？

稲垣　そうですね。母の世代、つまりスーパーマーケットが出来て冷蔵庫が当たり前になった時代に登場したのがレシピ本だったんだと思うんです。日本全国あらゆる場所であらゆる食材が手に入るようになって、一般の家庭で「世界のご馳走」を作ることが出来るようになった。当時はそれが豊かさだったんだと思うんですが、今はそれが当たり前になって、逆に毎日ご馳走を作ることが義務みたいになって、みんなを苦しめている。

大原　稲垣さんの本は、**身近な話から始まっても必ず「どう生きていくか？」みたいなテーマになっていきますね。**

稲垣　それはたぶん、私自身が「どう生きていくか」ってことに迷ったり悩んだりしてきたからですね。今の生活を始めてかなり答えがはっきりしてきたんですけど、**これから「老い」という人生最大の冒険が始まるので油断できない。**これからもずっとそこを考えていく気がします。

苦しさが無いとつまらない

●――おふたりの現在の生活で、他に「これが楽しい！」ってことを挙げてもらえますか？

大原 楽しいことっていうと、普通の日常が楽しいんですけど、今は親の介護があるから、台湾で隠居していた頃のような日常生活が出来ていないんですよね。日本にいると、地元が嫌いなのであまり散歩もしないし、人にも会いたくない。だから楽しいことと言われると、お金を使ってやることになりますね。ＢＬマンガを買って、部屋に引きこもって読むとか、県外に脱出して温泉に行くとか……これがお金の良いところで、解決が早い。即効性があるんですよね。

あ、でも、**それと別にお金をかけずに自分でクリエイトしてることもあります。**個人誌作ったりとか、趣味でラノベ書いたりとか、英語の本を翻訳するのも楽しくて。

稲垣 やっぱり書くことがお好きなんですね。

大原 好きですね。今までの人生を振り返ると、頼まれてもいないのにいつも何かしら書いてました。それが楽しい。

稲垣　羨ましい。

大原　稲垣さんはどうですか？

稲垣　書くことはけっこう苦しいですね。嫌いじゃないんですけど。まず加齢のせいか、書くスピードがおっそろしく落ちているのが恐怖。あとプレッシャーみたいなのをヘンに自分で設定していっちゃうところがあって。それがいちばん苦しいところです。

　会社を辞めて最初の本を出したときは、売れるとか売れないじゃなくて、1冊でも書けたら死んでいくときに良い思い出になる、くらいの話だったんですけど。その1冊が売れちゃったりすると、やっぱり次も売っていきたいとか、そういう欲が出てくる。書くこと自体は嫌いではないんですけど、書けない日が多くなると毎日が苦しい。

大原　すごくマジメな感じがします。

稲垣　そうなんですよ。一生懸命書いて、書けた！　ってときは達成感ありますけど、書けないときはもう「私、一生書けないのかも」みたいな、すごくネガティブなところにいってしまう。でも、「書かなくてもいい」ってなったら絶対つまんない。

大原　頼まれてもないのにFacebookにインド滞在記を書いていたくらいですからね（笑）。

稲垣　あの頃は単純に楽しかったんです。今は、自分の中で「欲」と「義務感」があり、切羽詰まったような追い立てられ感もあり……でも最近、それも楽しみのひとつかなと思うようになりました。だって、今どハマりしているピアノだって、むしろ苦しみの方が多い。全然うまくならないから。**でも、苦しみがあるからこそ面白いのかな、と。**

大原 そうなったら最強ですね。

稲垣 あとは手芸とか、編み物系も好きだし。それと旅行ですかね。

観光旅行からのリタイア

稲垣 このあいだはアメリカに行ったんですけど、私の旅行、みんなの旅行と全然違うんですよ。旅行は「修業」って位置づけなんで。っていうのは私、扁理さんと違って英語も話せないし、知らない人が苦手なタイプで、旅行慣れした人間じゃないんです。でもだからこそ、1年に一度は海外に行くことを義務付けている。それは、**旅を「老いていく練習」だと思っている**から。

大原 旅行と老いがどう関係するんですか？

稲垣 日本にいると、日本語も通じるし、慣れた場所だし、知り合いもいるし、何となくやっていけるじゃないですか。でも、海外に行くと言葉も通じない、スーパーに行っても支払いの仕方もわからない。で、これって歳を取ってボケてきたりしたら誰でもそうなっていくことじゃないですか？

で、その中でなんとか楽しく、この2、3週間を過ごすにはどうしたらいいのかを考えて、一生懸命やる。だから老いの予行練習なわけ。

大原　へ～、面白い。

稲垣　最初は下手だったんですけど、だんだんコツがわかってきました。

まず、毎日同じ店に行く。最初は「なんだこいつ、気持ち悪いな」とか、「こいつ何しに来てんの？」みたいに思われるんじゃないかという不安があるんですけど、それでも頑張って毎日行ってると、だんだん挨拶もしてくれて、「今日もカフェラテのスモールサイズでいいの？」みたいな。帰り際には手を振ってくれる、とか。

だから、みんな旅行に行くと毎日違う店に行くと思うんですけど、私はそんなことは一切しない。あと、基本的に外食はしない。それは日本でも外食しないから。慣れていないことを急にやっても、うまく振る舞えるはずがない。

大原　そうですね。チップとか、ワケがわからない。

稲垣　それもあるし、食材を買って自分で料理するのは、日本でも普段からやっていることだからちゃんと出来るし、慣れた買い物をすることで、地元の食材を見て「こんなのある～」と思うだけで地に足がつく感じがするんですよね。で、この時も日本でやってるのと同じように、スーパーじゃなくて個人店に、しかも必ず同じ店に通うようにしているんです。そうすると、向こうもだんだん顔を覚えてくれて、優しくしてもらえることもある。**Airbnb《エアビー》で部屋を借りるんで、掃除も洗濯も自分の手でやって。衣・食・住をやって自分の土台を整える。**そうやって外に出て行く元気を作って、頑張って外に出て「ハーイ!」って挨拶する。つまりね、どこへ行っても日本の今の生活と同じことをやるんです。そんな旅行を続けているうちに、最近は旅先で軽い知り合いぐらい出来るようになりました。そういう海外旅行を定期的にやらないと、自分が衰えると思っているんです。宮本武蔵が修業に出て行くようなイメージで、**定期的に修業に出かける。言葉もわからない町に、なんとか溶け込んで帰ってくる。で、最近わかってきたのは、そこでいちばん肝心なのは、その街を好きになることだなっていうこと。**

大原 あー、わかります。

稲垣 たとえば店に行ってなんかうまくいかないと、「こいつらトロい」とか「サービスが悪い」とか、つい批判的な目で見てしまうじゃないですか。国内でも一緒で、自分がうまくいかないとすぐ批判に転じてしまう。でも、心が批判的だと周囲にもそれが伝わって、お店とも人とも全然親しくなれないんです。

だからまず、何でもいいから好きな部分を見つける。人間が相手だと難しければ「この町の空はきれい」とか、「この木が案外好き」とか、私、鳥がけっこう好きだから、「あ、こんな鳥いる〜」とか。何でもいいので、街の良いところを見つけて「この街、好きかも」となると、何となく態度に出るんです。そうなると、道行く人もフレンドリーにしてくれる気がします。気のせいもあると思うけど、気のせいって大事じゃないですか。

街と仲良くなる方法

稲垣　海外に行くと、生きていく上で何が大切かを突き詰めて考えることになる。それこそお金に頼って、超有名レストランに行っても、そりゃ払ったお金に応じたサービスは受けられるかもしれないけど、それはお金を払ったからじゃないですか。それと親しみのこもったサービスとは違う。そんなこともわかります。

大原　面白いと思ったのは、いまの稲垣さんのお話には、お金を使う要素がほぼないってことです。地元の人と仲良くなったり、街と仲良くなったりするのにお金は必要ない。
　お金をちらつかせれば「いらっしゃいませ」って言ってもらえるけど、そこに頼らずに生きていくってことは、自分だけが頼りなわけですよね。そうやって自分そのものが試される場面って、たしかに海外にでも行かないとなさそうですね。

稲垣 そうなんです。あと、扁理さんも前に言ってたけど、海外で何が辛いって心のシャッターを降ろされることなんです。たとえば頑張って高級レストランに行っても、慇懃無礼にされることってあるじゃないですか。ニコニコしているけど、それと親しみは別。で、向こうの心の扉を開くためには、お金じゃないんです。もちろんお金もゼロじゃないですよ、でもお金プラスαの愛嬌だったり歩み寄りがないと、親しみは得られない。

大原 本当にそう。買い物して「ありがとうございました」って言われるけど、それだけだと、私じゃなくてお金に言っている感じがするんですよね。で、私は？　っていう。

稲垣 そうそう。海外に行くと、レジって会計を済ませるだけじゃなくて、地元の人と接する最大のチャンスなんですよね。そこでお店の人に親しみを持ってもらえるかどうかがすごく大事。たとえばアメリカに行ったときも、カードで払う方が楽なんですけど、ちょっと現金使ってみようかなと。現金のドルって全然慣れていなくて、とくにコインが「何これ？」みたいな感じではあったんですが、**だからこそお札とコインを自分なりに一生懸命数えて、恐る恐る出して「これでOK？」って訊く。そうしたら「パーフェクト！」って褒めてくれたり。**

大原 （笑）。

稲垣 そういうのって大事じゃないですか。**どんな小さなことでも、打てば響く感じを積み重ね**

ていくとだんだん調子が出てくる。大きいお札を出して、お釣りをもらった方が恥かかなくて済むからそうしたいんだけど、でもそればっかりだとコミュニケーションにならないから、頑張って小銭を数える、みたいな。そういうところからすごく考えます。相手にウケるためにはどうしたらいいのか、っていう。向こうからしたらマイナスな面もある客なんですけど……。

大原　経済合理性でいったらそうですね。

稲垣　そうそう。だから、それを乗り越える芸をしないといけない。だからチップも払います。お布施だと思って。

　でも、チップの払い方もよくわかんない。だから、お釣りをもらったときに「チップはどうしたらいいの？」って。

大原　まごつきながら「チップはどうすればいいの？」って訊いたら、それはものすごく愛嬌がありますね。

稲垣　もう愛嬌勝負だから。本当はもっとスマートに払いたいんですけど、そのやり方がわかんなかったら、それをストレートに出すしかないとハラをくくって。で、そのことが案外喜ばれる。それだけで、マイナスの客としてはすごく勇気づけられるんですよ。おばさんだし、若者じゃないし、恥ずかしいって気持ちもあるけど、**それをひとつひとつやると帰国**

したときに「修業を終えて、ひとまわり成長して帰ってきたぞ！」みたいな。

総合力が試される

稲垣 だから私が海外旅行が好きっていうのは、そういう部分で。グルメとか、名所旧跡とかまったく無縁な旅なんです。先日行ったのはポートランドだったんですけど、最初から最後まで日本人どころか観光客にひとりも会わなかった。

大原 ポートランドって、日本人がたくさんいる気がしますけど、稲垣さんの滞在先とはエリアが違うんでしょうね。

稲垣 みんな、話題になってる中心エリアに行くんじゃないかな。私も今の生活を始める前だったら絶対そうしてたと思う。会社員だった頃からずっとポートランドに憧れていて、泊まるべきホテルとか行くべきレストランとかお店とかの情報をすごく集めてたんで。でもそういうのって結局、一般的な、最大公約数的な、扁理さん的な言い方をすると、**誰が決めたかよくわからないメインストリーム的な価値観に基づいた情報ですよね。**だから自分が会社を辞めてメインストリームを外れて初めて、同じポートランドに行ったとしても、**みんなが見たいものと私が見たいものは違うんだから、自分が見たいものを見てくれればいい**

んだって思えるようになったんです。

で、じゃあ**私が見たいものって何かというと、結局「人」**なんですよね。遠く離れた国の人がどんなふうに考えてどんなふうに暮らしているのかが知りたいし、出来るならば自分と通じ合えるような何かを見つけて、友達のひとりでも作れたら最高だなと。

で、そのためには「自分が何者か」ってことが大事じゃないですか。私はこんな人間ですよっていうことを、まず知ってもらわないと始まらない。で、どうしようとなった時、ふだんの自分の生活をそのまま外国に持っていけばいいと思ったんです。朝5時に起きて、ヨガやって、午前と午後は近所のカフェで仕事して、ごはんも近所のお店で食材を買って自炊して食べる。せっかく外国まで行って、それで何が楽しいかと思われるかもしれないけれど、これが案外すごいパワーがあって、人ともちゃんとつながれるし、その街のことも人のこともよくわかるんですよね。

大原 つまり、**有名な観光地やレストランにたくさん行くよりも、普段の自分のままで、世界中の街や人と仲良くやっていけるかどうかが知りたいんですよね。**

稲垣 そうそう、せっかく来たんだからと効率を求めると、自分がどうしたいかはどこかへ行っちゃって、「ポートランドに行ったら絶対外せない10の場所」みたいなメインストリームの情報に振り回されているうちに日程が終わっちゃう。でも私は自分との闘いが目的なのでそんな場所に行く暇がない。

今回は、ポートランドの人が、どれだけおせっかいで、どれだけ親切かっていうのがよくわかりました。私がいたのは、アメリカ映画に出てくるような、芝生とポーチがある住宅がずらりと並んだ街の一角で。リモートワークなのか、みんなポーチに出て電話したり、仕事っぽいことをしている。で、私がいつも通るからポーチのおじさんが毎回手を振ってくれたりして。山で会う人のように、すれ違う人はみんな挨拶。

大原 アメリカは移民国家だから、「私は敵ではないですよ」って表明する習慣が根付いている。

稲垣 きっとそうなんですよ。面白いですよね。で、これも私が普段から、自分は一人じゃないって実感するために、近所のお年寄りとすれ違うと挨拶して笑顔をゲットしているからこそ、外国でも挨拶や笑顔を取りに行けたんだと思うんです。だから本当、海外に行ってもお金じゃないですよね。日本でお金を使わずにやってきたことが海外でも活きるんです。**お金に頼っていると、愛嬌を振りまくとか、挨拶するとか、サボるじゃないですか。**お店に行ってもニッコリとかしなくていいから、そのサボリが大きく蓄積してくる気がして。お金だけに頼っていると、お金じゃなくてやっていく能力が錆び付いてしまう。

大原 使わない能力は衰えますからね。

稲垣 そうなんです。まさに「海外旅行は老いの練習」、**歳を取っていろんなことがお金でス**

マートに解決できなくなったときに、自分のやってきたことが試される。

無理は良くない

大原　旅行先で仕事はするんですか？

稲垣　はい、普通にします。逆に言うと「国内海外に関わらずどこにいてもできる仕事」を選んでお引き受けしているところがありますね。どうしてそこにこだわるかっていうと、アウェイの場所に行って自分が単にマゴマゴしているだけの存在になったとしても、**毎日やるべき仕事を自分なりに頑張ってやっていることで「自分、役に立ってる！」「大丈夫！」って思えるから。仕事ってそういう利点がありますよね。**

あと、仕事って結局いろんな意味で人とつながるってことなので、「どこにいてもどんな状況でも相手が喜んでくれるように一生懸命やる」っていう原則を曲げたくないというのもあります。たとえば、今いるアメリカの素敵な街の素敵な人たちには好かれたいけど、そんなアメリカを満喫している最中に面倒なことを言ってくる日本の仕事相手はどうでもいい……って、正直、現実にはそう思いがちなんですけど、よく考えたら絶対違うっていうか、バチが当たってそれこそ旅先で悪いことが起こりそうじゃないですか。だからそこはグッとこらえて、毎日コツコツやるべきことをちゃんとやる。まさに修業です。

大原 へ～。旅先でもいつもどおり仕事するけど、そこには葛藤もちゃんとあるのが面白いですね。でもそれも含めて人間、って感じもします。

さっきの稲垣さんの「なんとかその街を好きになってやっていこう」ってお話ですけど。それって、僕が台湾でやっていることとまったく同じですね。台湾は外食文化なんですけど、海外資本のお店じゃなくて、なるべく近所のおっちゃんやおばちゃんが個人でやっている屋台で買う。そうするとね、もうおばちゃんが、僕の好きな味付けを覚えていてくれて、「あなたは小辣《シャオラー》ね」「そうです～」って。小辣って、「ちょっと辛い」ってことなんですけど。初めて行く店でも、僕が外国人なんで、注文方法がわからなくてボーッとしてると説明してくれて、「ＯＫ、ありがとう！」って。**外国人として暮らしていると、こういうやりとりのありがたみがすごいんですよね。**そうすると「またその店行こう」って思うし、そういうことの積み重ねで住んでいる街に愛着が生まれるのは、実感としてもすごくよくわかる。

ところが、僕は自分の地元が嫌いなんです。人生でいちばん辛い時期を過ごした場所なので、そんな町と仲良くしたくない。だからマイナス地点からスタートしなければいけない。

稲垣　やっぱ、嫌いだと仲良くなれないですよね。

大原　そう、そもそも仲良くなりたいと思えない。びっくりしたのが、コロナ禍と親の介護で地元から離れられなくなったときにも、当然、自分の行動パターンをそのまま地元でも実行しようとしたんです。つまり個人店に通ったり、地産地消を応援する。そしたら、要するに無理して町と仲良くしようとしているもんだから、ちょっと辛くなってきちゃったんですよ。無理は良くない！　**それでチェーン店に行ってみたら、町と仲良くしてる感じが超薄くて、逆に良かった（笑）。**そんなところにチェーン店の価値を見出してる人もいないと思いますけど。

あと、僕の地元くらいの小さな町だと、大型スーパーとかチェーン店が圧倒的に勝ってるんで、個人店がそもそも少なくなってるっていうのもありますね。あってもクルマで行かなきゃいけなかったり。そうすると、自転車で行けるショッピングモールの中のチェーン店になっちゃう。だから、まずは自分が好きになりたい町に住むのが第一歩だと思いました。

稲垣　理想は、どこでも好きになれたら一番いいんだけどね。

大原　そうですね。でも、**「自分がそこに住むと決めた町」が最低条件**ですね。経験上、自分が選んで住んだ町は全部好きだし、好きになろうとする努力ができる。

稲垣 そっかそっか。

大原 人は誰しも、生まれ育つ街を選べないですよね。自分で選ばないと、コミットしにくいというか。何かイヤなことがあると「だったら別の街に行きますんで」ってなっちゃう。「地元が好き」って何の疑問もなく思えることは、僕にとっては当たり前じゃないので、そう思えることはお金で買えない大きな財産だなって思います。

稲垣 なるほど確かにそうですね。

親の介護を考える

大原 僕、今は父親の介護があって、実家で暮らしているんです。台湾で隠居生活している、とは言えない。かと言って、日本に住んでいるとも言えない。なんか、すっごい中途半端です。

稲垣 人生って、自分でコントロールできない部分が案外大きいですからね。

大原 そうなんですよね。人生で自分が大切にしてきた生き方や考え方を、捨てるまではいかないにしても、お休みしないといけない時期ってあるんだな〜、と。だから僕は今、遠慮なく隠居をお休みしています。

稲垣　うん、**休むことも大事ですよね。その時や場所に応じてやり方を変えることは敗北でもなんでもないです。**

私の場合は、**逆に今、選べない部分、自分がコントロールしない部分を増やしていきたいと思っているんです。**というのは、これもやっぱり老後と関係があって、歳を取ると自分で選べないことがどんどん増えるじゃないですか。身体も否応なく衰えていくし、やりたいことが何でも出来るわけじゃないのが当たり前になる。その時に備えて訓練を積んでいきたい。**コントロールできないことをポジティブに捉える訓練。流されて、ご縁があったら、みたいな。そっちの成分を増やして「自分はこうしたい」を減らしていきたい。**

大原　それもわかります。

稲垣　ひとりだから出来るしね。

大原　そうそう、稲垣さんとは「独身」という共通点もありますね。僕の場合、親の介護は「やらない」という選択肢がない。

稲垣　独身でフリーランスだと、介護の期待が大きくなるというのがあるかもしれないですね。施設とかにお父さんが入られたら状況は変わります？

大原　僕は施設を大プッシュしているんですけど、他の家族は施設に「ぶちこむ」って言い方をするんですよ。そこに、親を施設に入れるということへの罪悪感とか、いろんな気持ちが見えるなー、と。やっぱり、制度は整っていても、都会と田舎で意識の格差はある気がします。田舎ではまだまだ介護を家庭内で解決するべき問題だと思っている人が多い。核家族化や単身世帯化が進んでいる都会の方が、もしかしたら施設に対するネガティブなイメージが少なく、普通に選択肢のひとつと認識していて、そうした制度を利用することにも抵抗がないのかもしれません。

稲垣 介護は私にとっても難題です。私は扁理さんと違って、親と同居はしないと決めちゃっているんですよね。結局お互い地獄になることが目に見えているので。罪悪感がないわけじゃないけれど、その選択はしたくない。扁理さんのお父さんは「施設には行きたくない」とおっしゃっているんですか？

大原 まあ「出来れば家がいい」って言ってます。でも、ほぼ寝たきりとなると、さすがに……私も台湾に戻れないし、兄がいるんですけど兄も仕事をしているし。

脳出血で長期入院をして、リハビリ病院に転院になって、そこでリハビリをして要介護2～3になって戻ってくる予定が、リハビリを拒否するもんだから、要介護4でほぼ寝たきりのまま退院してきて。「そんな準備は出来ていないぞ！　どうすんだ！」ってことになって。

稲垣 なるほど。

大原　リハビリはやりたくないけど家には帰りたい。そんなこと言われても困るし。

稲垣　誰かが何とかしてくれると思っているのかな？

大原　それはあると思います。だからたとえば、美味しいものを食べに行きたいとか、パチンコに行きたいとか、何でもいいんですけど、父親本人の意志があれば、そのためにこっちも頑張って介護しようって思うんですけど、介護したところで本人にやりたいことが何もない。そして、介護したからって回復するわけでもない。**「この介護、何のためにやってるんだろう？」って思っちゃう自分がいるんですよね。**

もちろん**身体の介護は出来ますけど、心の介護は出来ない。**うちの父は寝たきりになる前から寝ている人だったので、見た目の状態が変わらないんです。そこで思ったのが、**身体が寝たきりになる人って、身体が寝たきりになる前に心が寝たきりなんだな〜**って。

今、世の中で介護って言われているのは、身体的な介護のことだけど、心の介護は誰もやってくれないぞ、と。これはもう、自分が老後、介護が必要になったときの予習だと思って、ちょっと観察させてもらってます。

稲垣　それは私にとっても一番大きなテーマですね。寝たきりになってもハッピーでいることって究極の目標じゃないですか。**扁理さんの言葉で言うと、身体がどうなっても「心の介護」は全然必要のない状態を、自分で保てる人間になること。**それって、今までずっと話してきた、お金とか会社とかに頼らず自分で自分をハッピーにできる方法を積み重ねていくことと重なる気がします。寝たきりでも毎日超ワクワクしていられたら、それは最終的な人生の勝者！　目指すはそこですよね。だって、これだけ高齢化が進んだら、結局最後の最後はみんな寝たきりになる。

大原　おっしゃる通りで、そこに気づけたのが親の介護をしていてひとつ良かったポイントです。

でも、介護がなかなか得難い体験だなと思うのが、思ってはいけないことばかり思うんです。介護をしていると、何のために介護してるのかわかんなくなっちゃって。この人、何のために生きているんだろう？　とか、やっぱり思い始めるんですよ。でも、それって**人を生産性で判断してますよね。人を生産性でジャッジするなんてとんでもない、って今までめっちゃ怒っていたのに、自分こそがヒトラーの優生思想みたいな発想になっているじゃん！　と。だけど、そう思っちゃうんです。**自分の義憤がいかにインチキだったか、見せつけられるような毎日で。いや〜、これはなかなかの体験だな〜、と。

稲垣　それはきっと、身内だからですよ。そんな気がする。期待がある分、それが裏切られるとマイナス評価になっちゃう。私、父にはどうも優しく出来ないんですけど、近所のおばあちゃんにはめっちゃ優しく出来るんです。

大原　身内の場合、感謝もされないですしね。

稲垣 やってくれて当たり前になる。だから私は、自分の親の面倒を抱え込んじゃいけないと思っているんですよね。

大原 みんなが自分の親じゃなく他人の親の面倒を見る。介護の対象を少しずつ全員でずらせればいいですよね。

稲垣 そうそうそう。たぶん昔の社会はそうだったんだけど、今は核家族で家の中で全部抱え込まなきゃいけなくなって、それが切羽詰まった状況を作り出しちゃっていると思うんです。でも本当はもっとやり方はあるはずで。**私、実家に行って「ああ、今日も親に優しくできなかったなー」と思うと、その反省で、その日銭湯で一緒になった近所のおばあちゃんには超優しくなるんですよ。**

大原 それって**優しさの有効利用**ですよね。親を介護していて思うけど、これ、よそのおじいちゃんを介護したら喜ばれて、しかもお金がもらえるんですよ。そしたら、そっちの方がいいじゃんって。

稲垣 自分の子どもだとやってもらって当たり前だから、やってもらえないことに腹が立つんですよねきっと。だけど他人だったら「やってくれてありがとう」って。

大原 他人には加点法ですよね。

稲垣 そう。身内ってお互い減点法になっちゃうんです。だから身内の介護って難しい。

大原 でも、さすがに今はほぼ寝たきりで、家族も「これはダメだ」って話になって。施設を探す方向になっているんで、よしよし、と思っているんですけど。

稲垣 施設は、そういう意味では他人の目が入るから、良いことだと私は思うんです。別にネガティブなことではない。

大原 でも、やっぱり一番は父親の心の自立、つまり自分のことは自分でやるぞ、という気持ち。それをなんとかやってくれないかな、と。そこばっかりは他人がどうこう出来ないんで。

稲垣 それは、お父さん、もしかして家事をやってこなかったからなんじゃ？ 自分の足で立っている実感が、たぶん一度もないまま今に至っているのでは。

大原 それは絶対あると思います。うちの父の昔の話を聞いたら、子どもの頃は母親が全部世話をしてくれる。で、働き始めたら、会社の寮に入っているから、寮母さんが全部やってくれる。で、結婚したら今度は妻が全部やってくれる。どうも自分の世話は他人がするものだ、と思っている節があるんですね。そうすると、**この人は自分の生活をやっていくのに、自分の力を使わないまま79歳になっちゃったんだな、と。**稲垣さんの『家事か地獄か』にも書かれていましたけど、家事って自分で自分を大切にすることですよね。だから、その力を培ってこなかった人って、要介護になったときに、他人がその人を大切にしなきゃいけなくて。

稲垣　そうなんですよね。自分で自分の世話ができないって、無力です。でももしかするとお父さんは、その自覚もないのかもしれない。働いてお金を稼ぐことはずっとやってきて、でもそれ以外のことはやってこなくて、でも世の中的にはそれは「やらなくていいこと」になっているじゃないですか。**むしろお金を稼ぐ人の方が上で、暮らしの面倒を見てお金を稼がない人は下、みたいな考え方が今も常識ですよね。お金が作り出す大きな落とし穴みたいなものを、今のお話を聞いても心から実感します。**

大原　昔の方がその常識が強かったかもしれないですね。今は死語だと思いますけど、自分で自分の世話をするなんて「男の沽券に関わる」と思ってるのかもしれない。いや～、そういう人って大変。

稲垣　で、結局そういう人って感謝の仕方も下手なんじゃ……。

大原　そうですね。しかも何かと命令形（笑）。

稲垣　**自分でやっている人って、人がやってくれたことに対して、どれだけ大変かわかるから「ありがとう」って普通に言える**けど、やってもらって当たり前の人って、本人もどう感謝すればいいのかがわかんないんですよね。

4

ふたりのFIRE生活

稲垣 扁理さんって実家で暮らしつつ、今も台湾にアパートがありますよね。今後はまた台湾に戻る予定なんですか？

大原 そうですね。また戻りたいと思ってます。

稲垣 それこそ海外で暮らすのは、日本人にとってはひとつの夢じゃないですか。だから、扁理さんの「海外での隠居生活」って、みんな興味あると思うんですけど、海外に行ったきっかけを話してもらっていいですか？

大原 最初のきっかけは、東京の郊外で隠居生活を6年ぐらいやっていたんですけど。

稲垣 そのときは介護の仕事がメイン？

大原 そうです。介護のアルバイトを週2日してたんですけど、これで隠居生活できるな、と。でも、これは東京だから出来ているのか、それとも別の場所でも出来ることなんだろうか、と疑問に思ったんです。疑問に思ったら、確かめたいじゃないですか。で、その頃にちょうど『20代で隠居』が台湾で翻訳されるって話が届いた。それまで台湾には全然興味がなかったんですけど、ちょっと調べたら、ワーキングホリデービザがある、と。そのときちょうど年齢制限ギリギリの30歳だったので、だったら台湾で隠居生活をやってみようかな、と思った。だから、**観光しまくろうとか、ジャパンマネーでキラキラ贅沢ライフとか、そういうのではまったくなく、単に日常生活をしに台湾に行った**という。

稲垣　私の旅行と似ていますね。

大原　似ていると思います。だから、稲垣さんの『人生はどこでもドア』を読んだとき、私が3年かかってやったことを稲垣さんは2週間でやったのかと驚きました。

稲垣　私は移住はしていないけど、小さく暮らすっていう意味では同じですね。

大原　観光ではなく、生活をしに行くってことですよね。

　詳しくは『いま、台湾で隠居してます　ゆるゆるマイノリティライフ』という本に書いたんですが、台湾ではトラベルライターの職を得まして、コロナ禍で国境閉鎖するまでの3年半、生活することができました。それが出来たのは私がお金をたくさん持っていたからじゃなくて。むしろ台湾に行ったときなんて、所持金17万円でしたから。そうじゃなくて、**生活に必要なモノ、つまり家と仕事と友達を現地調達する力が自分にあったから。それさえあれば、生きていく場所は自由なんだってことがわかったのがいちばんの収穫でした。**

　ただ、アラフォーになって、心境の変化も出てきまして。僕は自分の生活を自分の手で作ることをすごく大切にしてきたんですね。そのかなりの割合を占めるのが自炊なんです。ところが台湾は外食文化なので、アパートにキッチンがなくて、ずっと大好きな自炊が出来てないんですよ。そうすると、自分で自分を食わせるということを、かなり外部に頼ってしまっている。そしてキッチンがある物件は家賃が高い。これはずっと続けてはいけないな、と思うようになってきて。だからいつかは日本に戻ることも考えています。でも、**日本に戻るとしても、戻らないとしても、その気になればどこでも生きていける、自分にはその力があるって知っていることは、これからお守りのように自分を支えていく**と思います。

稲垣 いやー、そこもまったく同じですね。台湾では、家はどうやって探したんですか？

大原 台湾に行く前にインターネットで知り合ってた台湾人がいて、（台湾に）引っ越すつもりがなかった頃からやりとりをしていて、「引っ越すことにしたんだけど」って言ったら、頼んでもいないのに「じゃあ部屋を探してあげるよ」って。で、台湾人って、基本的に超親切なんですけど、その親切をずっと受け入れられた自分が新鮮だった。それは日本にいた頃、自分も外国人の友人の部屋探しを手伝っていたからなんです。

稲垣 あ、わかる。**自分が誰かに親切にしていると、全然関係ない誰かから親切が返ってくる法則**ってありますよね。

大原 そうそう。普段からやっていたことが返ってきたんだな、と。

僕も頼まれていないのに、日本に来たばかりでアパートを探しているとかいう外国人がいたら、「一緒に探してあげるから！」って。もともと物件を見るのは好きだから、趣味と実益を兼ねて「外国人可」で検索して、一緒に内見に行って、契約時も通訳して……。

稲垣 それはだいぶ親切！　もともと扁理さんは、親切なタイプなんですか？

大原 そうかもしれないですね。基本的に何らかの助けはいつもやってるかな。

稲垣 それはずっと昔から？

大原 隠居してからですね。片手がいつも空いてるから貸すよ〜っていう感じ。

稲垣 なんでそこを聞きたかったのかというと、それってすごい大事なポイントな気がしていて。**実は私も、人に親切になったのって会社を辞めてからなんです。**

大原 あ〜、そこも共通点です。**人生が自転車操業のときなんて、なんなら人を助けたら損だと思ってましたもん。**

稲垣 そうそう！　まったく同じ。

大原 こんなコスパ・タイパの悪い行為をして何の得があるんだろう？　って。

自分を幸せにすることはできなくても

稲垣 私なんて自転車操業でもなんでもなく高給取りの会社員だったのに、仕事で評価される行為以外は極力やりたくないと思っていたんです。自分が切羽詰まっているわけでもないのに、もっと評価されたい、良い結果を出したいとそればっかり考えていたから、それ以外のことは1ミリもやりたくなかったんですよね。今にして思えばヒドイんですけど、赤の他人に親切にするということが、やりたくないという以前に、本当に発想すらなかった。

でも、それが、私も会社を辞めてから急に……あ、あと私の場合、もうひとつ動機があって、今、節電と退社による引っ越しの影響で家に何も無いんです。風呂も無い、エアコンも無い、仕事スペースも無い。となると銭湯とかカフェとか外に頼って暮らすようになって、そうなると、**外の人たちに可愛がっていただいて、その人たちに機嫌良く生きていてもらわないと、現実的に自分の生活に支障が出る状態になってきた。**

大原 うんうん。

稲垣 そうなってみて初めて、いつも世話になってるお店の人に愛想良くしたり、近所のお年寄りとかに挨拶したり、親切が普通に出来るようになりました。50年以上生きてきて初めてのことです。

大原 そして、そういう自分の方が、過去の自分より圧倒的に好きなんです。

稲垣 わかる！　それもわかる。

大原 お金は昔の方がいっぱい稼いでたけど、戻りたくない。

稲垣 よくわかります。私はもうひとつきっかけがあって、会社を辞めたときに、仕事をいろんな会社から細々ともらうようになって、そうなると、いちライターだから、会社員のときには受けなかったぞんざいな扱いを受けることがあって。

大原 あー。

稲垣 私の気のせいだったのかもしれないけど、いわゆる「下請け」的な扱いを受けていると感じたことがあったんです。確かに会社を辞めるってそういうことだよな、今までは私に対して丁寧にしてくれていたわけじゃなくて、大会社の社員だってことで、相手も大会社の既得権益をあてにしていたんだろうな、っていう。

だから、自分の後ろ盾が無くなるってことは、こういうことに耐えることなんだって痛感して。でも、ちょっと悔しくもあったんですよね。今までそうじゃなかったから。でも、悔しいって百回言っても何も解決しないし、それならば少なくとも「悔しい」と思うのは止めよう、と。で、そのために出来ることは何かなと考えて、まずは相手がどんな態度を取ってこようと、私は全力で相手が喜ぶような態度を取ろうと。

大原 具体的にはどういう?

稲垣 まずメールが来たらすぐ返信!

大原 (笑)。

稲垣 もう秒で返す。たとえ相手から来たメールがめちゃくちゃムッとする内容で、内心では死んでしまえーとか思っていても、「いつも大変お世話になっております！」と、全力でめっちゃ感じの良いメールを返すようにしたんです。そしたら、だんだん向こうの態度が変わってきた。

大原 おお〜。

稲垣 その学びがめっちゃ大きくて。だって相手が喜ぶようなメールって、ちょっと想像すれば書けるじゃないですか。やるべきことが明確だから自分も全然ストレスが溜まらないし、悔しさなんて本当にどこかに飛んでっちゃって、で、やれば必ず相手が喜んでくれて、結果良い態度に変わってくれる。**これはもう魔法だなと。つまり、人は自分を幸せにすることは出来なくても、少なくとも他人を幸せにすることは出来るんですよ。で、他人を幸せにしていれば、最終的には自分に返ってくる**って思ったんです。

でね、**そのうち、相手から何も返ってこなくても気にならなくなったんです。**

大原 わかります。

稲垣 その人が後で自分に対して良いことをしてくれなくても、相手が何となく喜んでるふうだったら、もうそれだけで十分満足。

マネーロンダリング

大原　会社員時代と、他人を幸せにできる余裕が出来たときの違いって、**この世界に対するある種の信頼が強くなったんじゃないか**と自分では思っているんです。隠居した後って、誰かに親切にしてそれが返ってこなくても、**その親切がどこかで巡り巡っているんだろうなって。**

稲垣　何かを放つような感じですよね。伝書鳩を放つ、みたいな。どこを旅してくるかわかんないけど行っておいで〜、みたいな。

大原　そうそう。

稲垣　お金使うときも同じ感覚かも。

大原　あ、そうですね。

稲垣　このお金が良い流れに乗ってほしい。マネーロンダリングって呼んでるんですけど。どんなお金でも自分の好きな人や場所に流していけばいいじゃんって。そしたらたとえ1ミリでも世の中が自分の思う方向に変わっていくはず。そう思えるだけでホクホクする、要するに幸せになれるんですよね。で、扁理さんの「世界への信頼」って急に生まれたんですか？　これもけっこう大事なポイントで、**世の中に不信感があると、それこそFIRE本読んで「自分でがっつり貯め込まないと」ってなりますよね。でも、世界を信頼していると、お金を貯めこまなくても怖くない**じゃないですか。

大原 なんか、隠居して余裕が出来てから、そう思うようになったんです。きっと、自分の足で立ったんだと思う。

稲垣 ああ。

大原 自分の足で立ったときに、人生に対する責任を負ったというか、返ってこなくても大丈夫になりました。少ないお金でも自分の力で生きていけるんだとわかったときに、余っている時間とかお金を他人に配って、実際に時々は返ってくる経験をすると、自分の元にじゃなくても、どこかには返っていってるんだろうなって実感があって。それで、この世界はそういうふうにできているんだと信じるようになりました。**だから、「このお金や時間は自分のモノである」っていう意識自体がどんどん薄れていった**かな。

稲垣 自分ひとりで抱え込んで安心する感覚じゃなくなった。

大原 そうそう。お金もそう。だって本当はおかしいんですよ、年収90万円で不安が減るのは。でも、自分はとりあえず年収90万円あれば生きていける、自分の足で立てるってなったときに、それだけあれば残りのお金が別に誰のモノでもいいなと。自分のところに無くてもどこかにはあるんだからそれでいいじゃん、っていう感じになってからですかね。

稲垣　すっごいわかります。

大原　逆に言うと、**世の中にあるお金は全部、潜在的には自分のモノでもある。だから困りようがないし、わざわざリスクを冒してまで自分のところに囲い込む必要がないんですよ。**

こっちの方がよっぽど楽。

チーム稲垣えみ子

稲垣　自分の足で立ったって、要するに自分はもう十分、って感覚ですよね。これだけあれば満たされていて、別に不満もないし、惨めとかネガティブな感じもない状態。私の場合だと「最低限の家事が出来れば生きていけるんだ」ってわかったときに、お金が無きゃ幸せになれないんじゃなくて、**すでに自分の中に自分を幸せにする力はあって、それは大した収入がなくても大丈夫だと。そう思えたときに、まさに自分の足で立ったんだと思います。**そうなると少しのお金で自分で自分を幸せに出来るから、あとは余剰資金、余っているお金になるんですよね。自分で立っている感覚があって、自分に必要なお金の量がちゃんとわかったら、それ以外のお金って貯め込んでも意味のないお金だから、自分の周囲の人、

自分を幸せにしてくれそうな人のために使うことができる……私、これを「チーム作り」って呼んでるんです。

私は「チーム稲垣」の監督で、私のお金はチーム稲垣の強化費って考えたらすごくわかりやすくて。「人のために使う」って言ってしまうと高尚な善行みたいだけど、要は**チームを強化すれば、確実に自分も幸せになる。**私はずっとそれがわかっていなかった。自分のお金は自分だけのために使いたいとしか思っていなかった。それで得られる幸せって本当にちっぽけで、あれこれ買ったはいいけど使いもしないものが家に溜まり続けるだけってことがわからなかった。だから**「自分が満たされていて、余っている」という感覚を持っているか、「足りない」と思っているかの差は超大きいっていう実感がすごくある。**

何しろ本当に、ずっと足りないと思っていたんです。すごく稼いでいたのに、まだ全然足りないって。

大原 不思議ですよね。僕も以前は全然足りないと思っていた。

稲垣 どうすれば「足りない」が「余っている」に変わるのか？ みんな「莫大なお金を貯めればそうなる」と思っているんですけど、そうじゃなくて、自分の足で立てている実感がないと、1億円稼いでもたぶん足りない。

で、それでいうと私、今めちゃくちゃお金が余っていて。何しろ、お金を全然使わないじゃないですか。節約してるとかではまったくなく、今や使わない方が楽しいし快適で、むしろ贅沢がストレス。そういう人間がお金をもらうと、使い道がないんですよ。実は今、仕事がもらえることが急に増えてきて。一時期はすごく減っていたんですけど。

大原 いつごろですか？

稲垣 会社を辞めて最初の本を出した頃は好調だったんですけど、それからすぐ下り坂で。本を出してもどんどん売れなくなるし、単発の仕事もどんどん減るし、そのうち書くスピードも老化のせいか遅くなってきて、本も出ないし新しい連載もない。税理士さんもビックリの年収急減。でもそのおかげで、そこまで年収が減っても私、マジで全然大丈夫なんだとわかったんで、自分としては良かったんですけど。

でもコロナの時はさすがにピンチで。それまで講演活動が収入の貴重な柱だったんですけど、コロナでそれがパタッと無くなって。唯一残った雑誌「AERA」の連載も、そもそも雑誌そのものの売り上げがコロナの影響で相当厳しくなっていると聞いて、私、連載の原稿料で家賃を払っていたんでこれはかなりまずい事態になっているぞと。

大原 なるほど。

稲垣 これは本当に収入がゼロになるかもしれないと。さすがにゼロは良くない。で、新たな連載を獲得すべく一生懸命営業して、そしたらふたつの企画が通っちゃって、ふたつ同時に書かなきゃいけないっていう、めちゃくちゃ大変なことになって。

大原 ちなみに、どういう企画だったんですか？

稲垣 ひとつが『家事か地獄か』という本になったcakes《ケイクス》の連載。もうひとつはまだ本になっていないんですけど、東洋経済オンラインの「買わない生活」っていう連載です。で、そうこうしているうちに、新しく始まるテレビの深夜番組から、収録の1週間くらい前にゲスト出演依頼の連絡が来たんです。新番組で収録の1週間前って……。

大原 出演者の誰かが突然キャンセルとか？

稲垣 そう思いますよね。よほど困って私のところに来たんだな、と。なので、きっとお困りなんでしょうから、私に出来るかわかりませんけど出ますって言ったんです。そしたらその番組そのものが出世して、深夜の30分枠からゴールデンの1時間枠になったんです。

大原 収入激増じゃないですか？

稲垣 激増なんです。それで私、困っていて。

大原 困っているんですね（笑）。

稲垣 だってお金を使わない生活が好きな人間なんですよ。でもテレビに出るとけっこうお金がいただけてしまう。で、本当に困って、どうしようってなって。意を決して**「これはもう寄付をするしかない！」**と。

余ったお金の使い方

稲垣　実は今まで、寄付活動って二の足踏んできたんです。なぜかと言うと、寄付って人間をダメにする部分もあるじゃないですか。知り合いでNPOやっている人がいるんですけど、急にまとまったお金をバーンと寄付してくれた人がいて、そうしたら必要のない施設を作っちゃったり、内紛が起きたりして、ろくなことにならなかったらしいんですね。なるほど、お金を出すなら自分がそこの理事になって運営に携わるくらいの覚悟が必要なんだなって。でも私、ピアノとか他にやりたいことがあるんでそんな時間もないし。だから寄付は難しいなと思っていたんですけど、そんなこと言っていられなくなった。

だから自分なりにいろいろ考えて、難民支援とか、世界で一番お金を切実に必要としているところに送れば間違いないんじゃないかと思ったんですね。ネットで調べて、評価の定まった国際支援団体6つに毎月それぞれ一定の額を、あと個人的に尊敬している故・中村哲さんの立ち上げたアフガニスタン支援の団体にも定期的にまとまった金額を寄付しています。

大原　積算したらすごい金額になりますね。

稲垣　そうなんですよ。かつての自分からしたらまったく考えられない行動で。でも思い切ってやって良かったなと今すごく思っているのは、寄付先の団体からまめにニュースレターが送られてくるじゃないですか。それを毎回、お金を出した以上は読むべきだと思って真面目に読むんですけど、それが本当に悲惨すぎる話ばっかりで。元新聞記者なのに今さらこんなこと言うのは恥ずかしいんですけど、世界では至るところで本当にとんでもないことが起きている。ウクライナやガザはもちろんですけど、そこだけじゃなくて、全然注目されていない場所であらゆる紛争、旱魃、災害が至るところで頻発していて、毎日生きるか死ぬかの思いをしている人がたくさんいるんですね。そう思ったら、またお金に対する考え方がひとつ広がりました。こんな世の中で、自分だっていつ何がどうなるかわからない。だとすれば、結局助け合うことしかないですよね。その場その場で、助ける余裕のある人が、助けを必要としている人を助ける。**お金って全然万能じゃないけれど、こういう時にはすごく役に立つ。遠い、行ったこともない外国の人に届けて役立ててもらうことが出来るのは、お金ならではです。**

でも、ちょっと困っていることもあって。寄付先のひとつが子どものスポンサーを募る形で寄付を募っていて、私の寄付金額だと10人以上の子どもたちのスポンサーになることになったんですね。で、正直どこにあるかもちゃんとわかっていない世界の国の子どもたちの写真や手紙を送っていただくことになって、これはすごく大変だ！　と。団体からは、返事を書くのは義務じゃないですよと言われているんですが、やっぱり、その子たちは少しでもいいから、どういう人が自分に関わっているのか知りたいだろうし、外国の人とつながりたいだろうし。そう考えると、本当はそんなたくさんの子どものスポンサーになるのもある意味無責任な話で、ひとりの子と真剣に向き合うべきなんだろうなと。でも、始めてしまったからにはそんなことも言っていられなくて、その国のことをちょっとでも調べたりして、自分なりに必死に、でもたぶん頓珍漢な返事を書いて……はっきり言って時間が全然ない！　いやいや寄付って大変だー！　お金さえ稼がなければこんな手間もなかったのにー！　みたいな。

でもよく考えたら、これも運命というかご縁ですよね。そんな悩みを持てること自体が幸せなことなんです。**今ではこの子たちを養っていくために、お母さん頑張って稼ぐよ、苦手なテレビにも出るよ！　みたいな心境。自分に出来ることなんてほんのわずかなことですけど、お金を稼ぐ理由がちゃんと生まれたのは良かった。**

大原　テレビの仕事は今も続けているんですか？

稲垣　続けているんです。テレビ向きの人間じゃないことは十分自覚していて、収録のたびに落ち込むし、出ることが良いことかどうかもわからないけど、近所のおばあちゃんとかに相談すると「それはあなた、ご縁なんだからやりなさい」ってみんな言うんですよね。確かに言われてみれば、こういうことって自分の力で勝ち取ったものとかではまったくなくて、いろんな縁があってこうなって、それがさらにアフリカや南米やアジアの子どもたちとかの縁も運んできた。**そう思ったら、とりあえずやれるところまで一生懸命やるしかないと。**

大原 新たなライフステージという感じがしますね。でもなんか、今の話を聞いて思ったのは、お金の稼ぎ方の本はたくさんあるけど、余ったお金の使い方の本って、全然ないですよね。

ウチらは小さいビル・ゲイツ

稲垣 うん、今そう言われてハッとしたんですけど、実は私たちみたいに「お金が余ってる」現象に陥っているって、相当珍しいんじゃないでしょうか。お金をすごく稼いでる人はたくさんいると思うけれど、それでも「余ってる」ってことにはなかなかならない。だから本を書く人もいなければ読む人もいない。

大原 需要がない（笑）。

稲垣 でも確かにいざそこを乗り越えてみると、**お金って使い方が案外難しいんですよね。お金を活かす使い方って。**

大原 本当そうですよね。

稲垣 よほど考えて使わないと、お金って悪さをすることもあるから。使い方は慎重であるべきなんです。

大原 お金がある人ほど、無責任な使い方が増えそうです。

稲垣 最近、ZOZO元社長の前澤友作さんの気持ちが、ちょっとわかって。前澤さんは良い感じで使おうと頑張ってるんじゃないかと思う。批判もあるし、私もその使い方を全部支持してるわけじゃないですけど、あり余ったお金をどう使ったらいいかってことを一生懸命考えてるんだってことは伝わってくる。ビル・ゲイツも財団作って環境問題にコミットしたり、真面目に使い方を考えていると思うんです。**たぶん扁理さんとビル・ゲイツ、心境的には変わらないと思う。**

大原 そうですね。ものすごくスケールの小さいビル・ゲイツです。

稲垣 いやいや（笑）、スケールは違っても、ビル・ゲイツになれるかどうか、**つまり「余ってる人になるのか、足りない人になるのか」が重要なんですよ。で、たぶん私も扁理さんもビル・ゲイツなんです。**

大原 すごい話になりましたね。でも、たしかにビル・ゲイツに憧れとか羨ましさとか全然ない。すでに自分がそうだから。そして、そういう意味では、ビル・ゲイツには憧れるけど年収

90万円には憧れない、という人は、金額の問題に矮小化してしまっている時点で永遠にビル・ゲイツにはなれないってことか。

稲垣 そうそう。ビル・ゲイツの苦労がわかる私たち。みんな貯め込む方がもったいなくないと思っているけど、余っているのなら貯め込むのが一番もったいない。

大原 でも、たとえば僕がやっている「宝くじを買ってみんなに配る」とか、こういう使い方って誰も教えてくれないんですよね。

稲垣 それ、どうやって思いついたんですか？

大原 最初は遠くの友人にクリスマスカードを送るときに、最近会っていないし、ちょっとしたサプライズで宝くじを入れてみよう、と。そういうところから始まって、宝くじを普段から持ち歩いて、ちょっとした感謝の意味を込めて人にあげたら楽しいんじゃないか、と気づき始めた。そしたら意外とみんな喜んでくれて。だって、**200円で喜んでくれるんですよ？　自分は他人を喜ばすことができるって嬉しいじゃないですか。**これ、イヤがられたことは1回もないんです。

稲垣 これが現金で200円渡したら、ちょっとバカにしてるというか、何なのそれ？　どういうつもり！　となりそうだけど。

大原 そうそう。しかも、チップってお札が基本じゃないですか。日本だと、千円札からだから、チップってなかなか渡しにくい。そういうときにも宝くじは便利です。お店でちょっと良い対応をしてくれた店員さんに渡したり。でも、年齢もあるのかな、あんまり若いと変なふうに見えるかもしれません。相手が歳上だったりすると、ちょっと渡しにくい。でも、歳を取れば取るほど渡せる人が増えてくるから楽しくなってきて。

稲垣 でも宝くじだったら、歳上の人もクスッと笑って喜んでくれるんじゃない？

大原 そう。もらってくれる人、本当に多いです。たった200円のことなのに、アイデア次第で金額以上に喜んでもらえるって超面白い。だから、余ったお金の使い方ってものすごくクリエイティビティが必要ですよね。

稲垣 そうそう。いざ「余ってる人」になった時、確かにお金の良い使い方って誰も教えてくれないし、自分で一生懸命考えたり実験したりしなきゃいけないから大変だけど、だからこそ面白くもあるし、すごく自由でもある。

で、結局扁理さんや私が「余ったお金を使ってやってること」って、広い意味での一種の投資ですよね。

すべてが投資になる

稲垣 私、今は、自分がお金を遣うことは全部投資だと思っているんです。何かを買うときも、自分の欲を満たすためっていうことはゼロじゃないけど、それ以上に、そのお店が好きで、頑張ってほしいから買う。たとえば銭湯に行くとして、銭湯が好きなのはもちろんですけど、**その好きな銭湯に1日でも長く営業してほしいための投資**ですよね。

大原 **余ったお金を遣うことは、すべて投資になる。みんなが思っている投資が狭すぎる。投資＝株を買う、だけじゃない。**

稲垣 そうそう。私は宝くじは配っていないですけど、いつもお世話になっている店で買い物をする。それ自体も投資ですけど、そこにプラスαも加えたい。扁理さんの宝くじもプラスαですよね。私の場合は、お店の人に何か言うとか、ニッコリ笑うとか。お金じゃないプラスαとして何かをあげる。モノじゃない何かも残してこようって気持ちがあります。その方が投資効果が圧倒的に高まるから。

大原 仏教に「顔施《がんせ》」ってのがあるんですけど、笑顔を向けることもお布施になると。だから、お金がない人でも、他人に何かを与えることが出来る。

稲垣 まさにそれです。人が受け取ったときに一番嬉しいものって、結局は笑顔だったりする。笑顔って、相手を受け入れているし、気にかけてるよってことだから。海外に行くと、とくにそれを痛感しますよね。見知らぬ国に行って何が嬉しいって、相手にニコってしてもらえること。それが一番心の中で「やった！」ってなるんです。そこはお金じゃない。誰かにニッコリすることが最大の投資、相手を元気づけることだと本当に思います。

大原 自分が持ち出すお金は0円でいい。それよりも**「心の持ち出し」を少しずつみんながやったら、住みよい世界になるはず。**

稲垣 本当にそう。

稲垣えみ子の一日

●——ここで、おふたりそれぞれの、現在の平均的な一日の過ごし方を教えていただけますか？

稲垣 私は、会社を辞めてからの生活はほぼずーっと同じです。朝は日の出とともに起きる。夏は早めになるし、冬は遅めになるけど、だいたい平均して5時。

大原 日射しが良ければ、目覚ましが無くても自然に起きちゃいますよね。

稲垣 うん、明るくなると起きちゃいます。で、起きたらお湯を沸かして飲む。歯を磨いて、そこから瞑想タイム。まあ1時間ぐらいかな。で、そこからトイレに行って排泄をする。瞑想から排泄、これが大事。これがないと1日をスタートできません。

大原 瞑想中に便意で中断することってありますか？　僕はよくあるんですけど。

稲垣 ありますよ。っていうか、そのために瞑想しているところもあって。それで排泄してからヨガをして。そこからアーユルヴェーダの、ごま油マッサージ。私、化粧品を一切持っていないんですけど、ごま油を蝋燭で温めて、それで全身をマッサージするんです。で、普通はシャワーを浴びてオイルを取るんですけど、うちはシャワーが無いんで濡れたタオルで拭き取ります。

大原 シャワーが無いってどういうことですか？

稲垣 家に風呂場はあるんですけど、ガス契約をしていないから単なる空きスペースになっているんです。で、アーユルヴェーダでは、ごま油マッサージは毒素を出すと考えられているんで、タオルで毒を拭き取る。

あと、瞑想の前後に部屋の掃除をして、トイレ行った後に洗濯もします。洗濯は毎日盥で洗っています。

大原 洗濯板とか使います？　それとも手洗い？

稲垣 単に手洗いです。

大原 洗剤的なものは使います？

稲垣 それは今も実験中で、重曹使ったりもしましたが、重曹ってアルカリ性だから繊維が溶けるんですよね。今は、そもそも洗剤をあんまり使わない方がいいんじゃないかと思っていて。本当に汚れたときは固形石けんで漬け置きしてから手洗いしますけど、汗だったら水だけですね。石けんが残っちゃう方が黄ばみの原因になる。そんなに汚れていなければ、石けんを使う必要はないんじゃないかなと思っています。

大原 僕も1回着たぐらいじゃ洗わない。めっちゃ何回も着て、そろそろかなと思ったら洗う。

稲垣 汚れたときに洗うので十分ですよね。最近は友達が作っているウールの下着を愛用してます。「ウールそのものに汚れを排出する効果があるから、洗わなくて良いんだよこれ」って聞いた時はマジかと思ったんですが、実際マジで洗わなくて良いんですよ。臭いもしないし。それで洗濯も飛躍的に楽になりました。月に一度水で洗うくらい。最高です。

で、服着て7時ぐらいに家を出て、ピアノの練習を9時ごろまで。ピアノを置かせてもらっている会社が9時に始まるから、始業時間前に練習をさせてもらってるんです。で、カフェに行って仕事。お昼に家に帰って、家でごはんを食べる。中身はほぼ、ごはん、味噌汁、漬物。

大原 朝ごはんは？

稲垣 朝ごはんは、仕事がてらカフェでモーニングを食べます。で、昼ごはん食べて、ちょっと昼寝して、そこから午後はまた別のカフェで3時間仕事して。で、仕事がうまくいった日には張り切って銭湯に行く。

大原 銭湯がご褒美。

稲垣 そうそう。で、銭湯から帰って、家で晩ごはんを食べて、夕方6時ぐらい。そこからもし気力があれば、またピアノの練習。夜10時ぐらいまで。

大原 それは、ピアノの部屋の鍵を持っているということですか？

稲垣 そうです（笑）。

大原 それはめっちゃ良いですね。生活におけるピアノのウェイトがすごい。

稲垣 **ピアノのウェイトがどんどん増えていて。今や原稿書いてる時間より長い**かもしれない。で、さぞかし上達するかと思ったら、老後のピアノは全然上達しない。

実は今、ピアノの仕事をいただくようになったのも、練習が際限なく増えている原因なんですよ。『老後とピアノ』の販促を兼ねて、プロのピアニストの先生と一緒にトークと演奏をするイベントが好評で、それはすごくありがたいんですけど、そのおかげでもう毎日気が気じゃない。いくら練習しても全然足りない。

大原 そのイベントって、お客さんにお金を払って来てもらうんですか？

稲垣　そうそう。

大原　それはプレッシャーですね。

稲垣　っていうか、よく考えたら、お客さんは別に上手い演奏を期待して来るわけじゃないんです。どっちかと言うと、私がド緊張して失敗するのも含めて、必死に弾いてる様子を見に来ているわけで。なのに、この「失敗したくない！」という無駄な感情はいったい何なんだ！　と、本当に謎。むしろ失敗したくないと思うから緊張して失敗するわけで、本当にアホやなあと。自分にこんな弱いところがあったとは。だから、今、精神を鍛えるために剣豪小説をよく読んでいるんです。剣豪の世界とピアノは一緒です。

大原　剣豪と自分を重ねている（笑）。

稲垣　そうなんです。剣豪の世界では囚われが死を招くわけですけど、ピアノもまったく同じなんです。**自分が練習した実力を発揮しようと思うことも囚われ。こんなに練習したのに！と悔しく思うのもまた囚われ。と頭ではわかるけど、まったくそこから抜けられないということに焦るのもまたまた囚われ。**それくらい日々追い詰められている状態ですね。

なので、結局夜もほぼピアノの練習をしています。それまでは好きな縫い物をけっこうやっていたんですけど、今は縫い物も滞るほどピアノに時間を取られています。あとはまあ、本を読んだり、ラジオを聴いたりで、夜10時ぐらいに寝る生活です。

大原 じゃあ、1日が終わるの、あっという間ですね。

稲垣 あっという間ですよ。何にも原稿書けていないのに（笑）。

大原 仕事はどうなっているんですか？

稲垣 いちおう朝に3時間、午後も3時間、原稿を書くべく頑張っています。でもだんだん書けなくなってきている自分がいますね。

節約する気はない

●仕事、カフェでやるんですね。そうするとお金がかかると思うんですが……。

稲垣 **あ、私、そこで節約しようって気はなくて。カフェで原稿書いているから、原稿料でカフェ代と家賃が賄えるのが理想のキャッシュフローバランス。**もし原稿の注文が無くなってカフェ代が払えなくなったら行かなくて全然オッケーなんですけど、今は原稿料をもらえているから、もらった分はカフェに返す感じです。書かせていただいてる分はお支払いしたい。

大原 そうすれば好きなカフェも存続してくれるし、良いですね。

稲垣 そうなんです、むしろ、**カフェに存続してもらうために書いてるところがあります。**

私、同じカフェにいつも行ってるんです。店員さんとも仲良しだし、そこで知り合った人も多いので、すごく大切な場所なんです。我が家のリビング兼書斎って感じで。

大原 損得の主語が自分だけじゃなくて、街全体になっている感じですね。

稲垣 まったくそのとおりで、こういう生活を始めてからそういうふうに考えるようになりました。サラリーマン時代は、とにかく1円でも安いお金で価値あるものを得るのが賢い人間なんだとしか思っていなかった。そんなことしてたら好きなお店も潰れますよね。

大原 自分が納得できるお金はきちんと払いたい。

稲垣 そうそう。逆に言うと、**納得できないお金はまったく払っていない。**で、この納得できないお金っていうのが、結果的に一般的な人よりめちゃくちゃ多いんですよ。普通の人が普通に買っているものの多くを、もうまったく買わない生活なんで。だから納得できるお金は気前よく、何のわだかまりもなく払える。だから**全体としたら全然お金を使わないのに、むしろ「気前のいい人」と思われているはず**です、たぶん。そうすると人気も出て友達がいっぱい出来る。もうめちゃくちゃ良い循環なんですよ。

でも、もともとはまったくそうじゃなくて、すごくお金を使ってあらゆるものを買いまくっていたのに、実は案外ケチで、まったく人望も無かったと思う。

で、それがどうしてこうなったかといえば、何度も繰り返しているように「自分はすでに十分満たされてる」と思えるようになったからなんですけど、この単純な、ワンパターンの、ルーティーンを決めた生活も、その「満たされてる」感を作ってる大きな要因だと思います。

会社員だった頃って、ルーティーンどころか不規則極まりない生活で、それは仕事が忙しかったってこともあるけれど、結局、「今の自分じゃダメなんだ」と思い続けていたからなんですよね。絶えず「もっといい生活」「もっと楽しいこと」がしたいと思っていて、そのためには一生懸命働いて評価を上げなきゃいけないし、休日は何かすごく楽しいことをしなきゃいけなかった。だから絶えず新たなスケジュールを入れまくって、いつも何かに追われてたんです。でも会社を辞めて、とりあえず行く場所もやらなきゃいけないこともなくなったんで急に超規則正しい生活になって、そしたらこれがめちゃくちゃ良かったんです。なぜって、**毎日やることが決まっていると、ただ時間どおりにやるべきことをやればいいので迷いも後悔もない。**それって結局、今の自分でいいんだってことなんですよ。出来ないこともいっぱいあるけど、今の自分としてやれることはやったんだからいいんだって思える。

で、そんなふうに安定したら、無駄な買い物をまったくしなくなったんです。

大原 買い物について、いま訊こうと思っていました。

稲垣　日々の買い物は、午前のカフェの帰りに豆腐屋で豆腐を買うのと、午後のカフェの帰りに八百屋で野菜を買うだけ。あと、米が切れたら近所の米屋で米を買う。それからたまに近所の酒屋で昆布とひじきを買う。これで食べるものはほぼ賄えるので、もう買うものは無いんですね。

ちなみにシャンプーや石けんも含めた化粧品類は全部やめたのでドラッグストアとは無縁だし、コンビニはコピーが必要な時に行くだけ。服もほぼ買わないし、外食は近所の親しい人の店にたまに行く程度。外食したいというより、お店の人の顔が見たくて行く。だから、**何を買おうとか、あれが欲しいとか、どっちが良いとか安いとか、ネットで比較したりとか、そういう時間とエネルギーが一切要らない。**ごはんに関しても「今日は何を作ろうか」っていうのが一切ない。食べるもの、決まっているんで。毎日ご飯と味噌汁と漬物。

そんな生活の何が楽しいのかと言う人がいそうですが、それは逆で、毎日が安定してストレスが無いと、あれこれ買ったり目先の変わったご馳走を食べなくても十分ハッピーなんですよ。これまでやたらお金を使いまくっていたのは、要するにストレスだらけだったから。気持ちも生活もまったく安定していなかったからなんですよね。そこから抜け出したら、無駄なお金を使わないばかりか時間もめちゃくちゃある。つまりはお金も時間も手に入れた。**で、その時間を何に使っているかというと、ことごとくピアノに使っている。まあ世の中で一番生産性の無いことに使っているわけです。**でも、これって考えたらホント最高だなと。

方丈記を読むと、鴨長明があの究極に「貧しい」暮らしの中で楽器やってるじゃないですか。

大原 やっていますね。琵琶と琴。

稲垣 そう。そんなに何もない生活なのになぜ琵琶!? みたいな。でも私、今となってはそれがよくわかる。**いわゆる損得とか世間様の評価とは関係なく、自分で音楽をやるって、それがいくら下手だろうが初心者だろうが、それそのものが宇宙とつながるというか、時空を超えたエネルギーみたいなものとつながる営みじゃないですか。**たぶん鴨長明は、そういうことだったんだと私は思います。

大原 ピアノを弾いていて、そう思うときってありますか?

稲垣 いや、もう、ピアノ弾いている行為自体が全部そう。

250年前の音楽

稲垣 私の場合はクラシックをやっているんで、たとえばベートーベンを弾いていたら、250年前の人が作った曲を再現して弾くわけで、それだけですでに時間を超えている。250年前の人が書いた曲が譜面に残されていて、私が弾くことでそれが再現されるという、考えたらすごく不思議な世界ですよね。ベートーベンが美しいと思った旋律を自分も美しいと思うって時空を超えた話です。

あとクラシックの楽曲で、現在残っているのなんてほんの僅かな、選ばれたものじゃないですか。ベートーベンが作った曲を、たくさんの人が弾きつないできたからこそ残っている。

大原 どんな音楽も、出てきた時はニューミュージックだったはずですもんね。

稲垣 そうそう。時代時代でいろんな作曲家が山ほどいろんな曲を作ったはずなんです。でもその中で何百年と生き残ってきた曲があるってことは、その何百年間、ウマいヘタ問わず、いろんな人が良いなと思って弾いてきたから、今の私がその曲を弾けるわけじゃないですか。ということは、どれだけ下手であっても、自分が今これを弾くことがこの曲を後世に残していく流れを作っているわけで。下手だろうが騒音だろうが弾くことそのものに十分意味がある。**だからピアノをやると、人の一生の捉え方が変わるというか。こうやったら評価されるとか、お金が儲かるとか、そういうことだけを考えていたのが、もっと広い時**

間軸で考えざるを得ない。

あと、先生がいることで自分はピアノをやれているので、先生は先生で、先生固有の歴史があって、私の先生は私よりずっと若いんですけど、その先生の経験を私に分けてくれているわけじゃないですか。つまり私のピアノには、先生の人生が入っている。そういう、いろんな奇跡的つながりの中で、今の自分がいるんだなって、利己的な自分を超えていきますよね。

でもピアノを毎日2時間も練習していると言うと、みんなすぐ「それ、何か目標があんの？」って言うんですよ。「発表会でも開きたいわけ？」とか。**現代人って本当に骨の髄まで成果主義。「そんな何の得にもならないことに、なんでエネルギー傾けてんの？」って感覚、今、みんな、すごいあると思うんです。**

大原 そういえば僕もピアノを弾いてると、たまに自分がなくなる瞬間があります。ここがどこで、今が何年何月何日で、自分がどういう人間か、何のためにピアノを弾いてるのかっていうのを一切忘れている。芸術を通して世界とのつながりをつかむって、ああいうことかもしれない。

稲垣 そう。極めようとするとね、**きっといちばんの敵は自我**なんですよ。

大原 行きつくところは無我の境地というか。

稲垣　だから、成果主義がいちばんダメなんです。それがすべてを阻害している。芸の世界では、絵を描くにしろ、書にしろ、剣術にしろ、「自分が、自分が」というのがいちばん邪魔。

大原　それこそ「生きる」ということの母体が大きくなる話ですね。でも、そうなると安心？　心強い？　どんな感じになるんですか？

稲垣　なんか、**自分が生きるとか死ぬとか、自分が評価されるとか、っていうことに、だんだんこだわらなくなりました。**だってそんなことにこだわっていたら、こんなことやってないし。でもね、そうだったはずなのに、人前で弾くってなったとたんに評価を気にして弾けなくなる自分がいる（笑）。それで剣豪小説を読んでいるわけです。

大原　すごいとっかかりですねぇ。

稲垣　まあ結局ダメな自分はどこまでもいるんです。でも会社員のままだったら、こういう考え方は絶対に出来ていなかった。

それは会社員の発想

大原　なるほど。たしかに音楽とか芸術がどこから始まったかというと、他人から評価されたいとかじゃなくて、**自分の中から湧きあがる喜びとか原始的な衝動のはずで。生きてるのが**

嬉しいと、踊りたくなりますもんね。

稲垣 とにかく歌いたい！　とか、みんなで踊りたい！　とか。そういうのって生き物としての本能に近いところですよね。原始人が最初にやったことのひとつは、金儲けじゃなくて歌と踊りだったはずで。もちろん最初からそこに行きつこうと思ってピアノを始めたわけじゃないんですけど、たまたまそっちの世界に向き合うことになった。私にとっては相当大きな出来事でしたね。

だから、ピアノを弾く時間と原稿を書いてる時間を、別に分けてはいないんです。お金になる／ならないとか、役に立つ／立たないとかではなく、どちらも楽しみ。もちろん原稿を書くのは仕事だから、基本的にはお金をいただいて原稿を書いています。けど、仕事だから仕方なく書いてるっていうよりは、ひとつの楽しみというか、「やるべきこと」という感じでしょうか。自分に多少得意なことがあって、それを読んでくれる人がいて、その結果お金までもらえる、ありがとうございます、みたいな。

たぶん、働いてる時間と働いてない時間を分けるって、会社員の発想ですよね。でもそれは会社員特有の仕組みというか考え方だっていうことを、知っておいた方がいいですよね。

大原 全員がその仕組みを採用しなくてもいい。

稲垣　**これは仕事、ここから遊び、という区別がない。**そうなると、もうただただ時間がないです。だって一生の間に弾ける曲を考えたら、全然時間が足りない。まだ書かなきゃいけないことがある気もするけど、これはどんどん書くスピードが落ちてるからやっぱり時間が足りない。人生短いな！　みたいな。**人生100年時代をどう過ごすのかとか言うけど、いやいや短い短い、あっという間に終わっちゃう。そう思えることが最高ですよね。**

大原　今日はピアノを弾きたくない、ってときはないんですか？

稲垣　病気のとき。

大原　それはそうでしょうね。病気になったりするんですか？

稲垣　ごくたまに。体調、基本的にはほとんど崩さないんです。だいたい、おかしいなと思ったらすぐ寝るんで。寝て治す。

大原　動物のようですね。

稲垣　（笑）。水飲んで寝れば大体治ります。

大原　わかる。そのへん、一人暮らしだから自由にできますよね。

稲垣　あと、基本、移動しないから病気を拾って来にくいっていうのもありますね。自転車生活で、パーティーも会食も行かないんで、たまに近所の居酒屋に飲みに行くぐらいの話。

大原扁理の一日

――じゃあ次、大原さんの現在の一日を教えていただけますか？

大原 そうですね。現在は「隠居生活をお休み中」と言わざるを得ない状況です。実家にいるので、毎朝10時ごろに起きて。なぜかと言うと、その時間は家族が昼寝しているからなんです。

稲垣 10時に？　いったん朝起きた後にみんな寝ているんですか？

大原 そう。基本原則は「家の中でなるべく人に会わないようにする」なので、ちょっとずらすとちょうどいい。これ、引きこもりの人と同じ生活パターンらしいんですけど。

稲垣 家にいるのは、お父さんとお母さんとお兄さん？

大原 そうそう、その3人です。

稲垣 細かいですけど、家は2階建て？

大原 2階建ての一軒家で、僕と兄が2階に住んでいて。足腰が悪くなった両親は1階で。2階に上がってこないんで、とても安心。

稲垣 サンクチュアリ。

大原　そうそう。昔は親が酔っぱらいだったので、「このドアがいつ破られるか」という、実家がバイオハザード状態でした。だから、ステイホームって言葉、あったじゃないですか。あれ、家が安心だって思っている人の発想だから！

稲垣　家がいちばん危険！

大原　で、まあ家族に会わないように、朝10時ぐらいに起きます。僕も朝、基本は白湯を飲んで、トイレに行って、瞑想して。

稲垣　そこは一緒ですね。

●――おふたりには「瞑想」という共通点があるのも面白いですね。瞑想って、排泄を促す効果があるんですか？

稲垣　いや、排泄を促すのはお湯じゃないかな。あ、でも考えたら、あれこれ動かずにじっとしてる方が、お腹の具合に集中できて排泄しやすいかもしれないですね。お湯を飲んでじっとして、何十分後にトイレに行くとか、朝のルーティン化した方がいいんです。

大原　そうですね。でも、僕は瞑想を1時間ってことはないです。そんなにゆっくりやっていたら家族が起きちゃうんで。

稲垣　瞑想はずっとやってらっしゃるんですか？

大原　はい。**東京生活の最後のあたりに、古本屋で瞑想の本を1冊買ってきて、それからやって**

います。で、毎朝15分か20分くらい瞑想して。朝はあんまりお腹が空かないんで、小さいパンとかビスケットを食べるときもありますけど。で、部屋の掃除とか片付けをちょっとやって、家から脱出します。それがお昼前くらいですね。

稲垣 それまで家では誰とも会わない？

大原 基本、会わないです。残念ながら会うときもありますけど、なるべく会わないようにしていて。で、だいたい行くのがチェーン店になっちゃうんですけど、コメダかミスタードーナツかファミレス、あとマクドナルドに行くこともある。そのどれかです。そこで、ポメラ（デジタルメモ専用機）を持って行き、まずモーニングを食べてからメルマガ用の日記、趣味で書いてるラノベ、英語の本の翻訳、読書記録とか。いろいろ書き物をします。

稲垣 たくさん書くんですね。

大原 ただ、「今日は書いたな〜」って思った時点で止めるので。だいたい3時間ぐらいやってから場所を移動して、もう少し書きたいなってときは書きますけど、今日はやったなってときは映画観たり本を読んだりしていますね。

稲垣 映画は映画館に行くんですか？

大原 スマホにダウンロードしておいたAmazonプライムの映画を観たり、あとは本を読んだりしています。それで、スーパーで家族用の買い物して、薬局で親のおむつとかを買って。

で、夜に帰ってきて、家でだいたいBLマンガを読んでいます。

稲垣 お昼ごはんは？

大原 お昼もファミレスとかで食べます。で、夜は自分で作り置きしておいた鍋いっぱいのミネストローネがあるんで、それを食べています。

稲垣 家族用？ 自分用？

大原 全員用です。それは家族が寝静まった深夜に作るんです。他のものを作るときもありますが、親の食事制限に合わせているので、今は自分の好きな一汁一菜の玄米菜食も出来ていない状況ですね。

稲垣 台所は1階ですか？

大原 台所は1階。台所とつながっているリビングに両親が24時間いるんで、なるべく顔を合わせないように気を付けながら作ります。

稲垣 ご両親はずっと一緒に同じ部屋にいる？

大原 はい。僕、ずっと不思議なんですけど、自分の部屋を持ちたいって思わないのかな？

稲垣 きっとそういう習慣がないんですよ。経験がなければそうは思わないから。

大原 たぶん、ずっと家族いっしょにいるのが当たり前だった時代に育ったんですね。だから他人と自分との境界が無くて、僕にはそれがストレスなので、なるべく一緒にいないようにしていますす。家庭内一人暮らしって呼んでるんですけど。で、夜はBL本を読んだりして、暑くなければラジオ体操をします。

あとは、なかやまきんに君の、世界で一番楽な筋トレとかをやって、シャワーを浴びて、ごはん作るなら作って、深夜2時ごろ寝る、という感じですね。1日終わるの超早い。

稲垣 あれ？ そういえばご両親の介護はどこに入ってくるんですか？

大原 今は使えるサービスを全部使っています。だから、おむつ替えのために帰ってきたりしなくても良くなりました。

稲垣 ヘルパーさんが来られるんですね。

大原 はい。

稲垣 今のお話だと、介護のために実家にいなくても大丈夫なんじゃ？

大原 そうなんですけど、かといって僕がいなかったら、すべての責任を兄に背負わせることになるので。ヘルパーさんが来てくれているといっても、日常的な通院や、汚れ物の洗濯はあるんですよね。だから日本にいるんだったら実家にいなきゃいけないかな、みたいな。

稲垣 たとえば病院に行くのだって、緊急事態だったら、介護サービスみたいなのでやってくれる可能性もありますよね。

大原 ただ、もうポイントをフルに使っちゃっているので、それを超えると10割負担になるという経済的な問題もあります。でも、まあ、介護業界の方たちのおかげでだいぶ楽になりました。親が寝たきりになってみてあらためて、介護保険ってすごくありがたい制度だなと思いました。こないだ、訪問介護の報酬が引き下げになるというニュースがありましたけど、あれは本当に考え直してほしい。これから高齢化も進む一方だし、ヘルパーさんってめちゃくちゃ大事な仕事なんですよ。

　ということで、人には会わないし、1日3時間ぐらいしか働いていない。だから、**隠居といえば隠居かもしれないですけど、「印税は使わない」というルールを破ってしまっているので。**

稲垣　そのルールについて知りたいです。まずそもそも、扁理さんにとって「隠居」の定義ってどういうことなんでしょう？

大原　わかりやすい数字の指標とかはないんですけど、いちおう**社会からなるべく離れて、消費と労働を少なくして、あとは好きなことをやる、っていうぼんやりした感じ**です。

稲垣　社会から離れるっていうのは消費と労働のこと？

大原　それもありますし、人付き合いもありますね。

稲垣　扁理さんってたぶん、自分で言っているほど人間関係が無いわけではないですよね？

大原　でも、地元にはほとんど友達がいないです。

稲垣 地元じゃなかったら、私より交友関係が広くないですか？

大原 東京に出てきたときは久々に会う友人がいるので、毎日誰かに会ってますね。人間に会うのが久しぶりだから観察しちゃうし、喋ることいっぱいありますけど、地元では人間関係ほぼゼロです。

稲垣 それで言うと、私は今の知り合いのメインは完全に近所の人ですね。**挨拶したり立ち話したりする相手が、この前数えてみたら100人以上いたんですよ。**行きつけのカフェに行っても、知り合いと楽しく話しちゃって「仕事、今日もできなかった……」みたいなこともけっこうあります。逆に遠くの知り合いは仕事関係がほとんど。

大原 本当はそれがいいですよね。でも、もしも自分で住む場所を選べるなら地元（実家）に住んでいないから。最近翻訳している『ウォールデン　森の生活』（ヘンリー・D・ソロー）にあるように、自分で小屋を建てて生活したくて。実は、台湾から日本へ拠点を戻そうと思っているのは、その準備のためでもあります。

稲垣 『ウォールデン』を翻訳してるの？　それはすごい。私、最近、『ウォールデン』を買おうと思ったら、いろんな訳が出すぎていて、どれを買って良いかわからず。

大原 どれも本文を読むと堅苦しいんですよ。だって、あれ、1854年とか、日本で言ったら江戸時代末期ですよ。

稲垣　なるほど。翻訳は依頼があってしているんですか？　それとも自主的に？

大原　誰にも頼まれてないんですけど、勝手に訳している。

稲垣　最高じゃないですか。それ、訳し終えたらどうするんですか？

大原　まあ、出版社に営業をかけるか、そうじゃなかったら自費出版する。

稲垣　じゃあ私、それまで待ってそれを買います（笑）。でも、ウォールデンと鴨長明だと、どっちが上かと言ったら変だけど……。

大原　鴨長明だと思う。

稲垣　ですよね！　日本人だからっていうのもあるけど、鴨長明の方が全然しっくりくる。

大原　しっくりくるし、小屋暮らしをすることとの位置づけがちょっと違っていて。**鴨長明はお坊さんなので、今生での終の棲家、かつ極楽浄土に行くまでの中継地点として、小屋があるんですよね。でも、（『ウォールデン』著者の）ソローは2年ぐらい小屋で暮らして、文明社会に戻っていく**んです。そのあとは、本を書いたり講演をしたり、今の僕たちみたいなことをしている。

稲垣　えー、そうなんだ。

大原　だから、ソローの場合は本当にただの実験。

稲垣　ちょっと逃げたというか、違うやり方を試してみようと。

大原 そうそう。当時のアメリカも現代日本と少し似ているところがあって。文明生活があまりにも無駄なモノが多いので、**人生で本当に大切なものを見極めて生きていくために、ソローは森で暮らすことを選んだんですね。それに対して鴨長明は、生きていくためというより死ぬ準備のために方丈庵を建てています。**何がこの違いを生んだかといえば、死がすべての終わりと考える西洋と、死後の世界まで生は続くと考える東洋の、死生観の違いが根底にあるような気がします。

ところでこの間、アメリカ人の大学教授と話してたときに「いま『ウォールデン』を翻訳してるんです」と言ったら、アメリカ人が学校で『ウォールデン』を学ぶときに必ず聞かされる笑い話があって、「知ってる？ 実はソローって、料理とか洗濯とか、近所に住んでるお姉ちゃんとかお母さんにやってもらってたんだよ」って。

稲垣 それを聞いた時点で、私だったら『ウォールデン』の翻訳を止めます。

大原 (笑)。

隠居の定義

稲垣 「隠居」って扁理さんのキーワードのひとつじゃないですか。で、いわゆる日本の隠居って、人生で何かを成し遂げた人が第一線から退いて、余裕をもって世の中を眺める。隠居ってそういう水戸黄門的なイメージだと思うんですけど、扁理さんの「隠居」ってそれともまた違うものなんですか？

大原 そこが難しいところで。広辞苑によると、**「職をやめるなど世間から身を引いて気ままに暮らすこと」と定義してある。**僕はまったく働いてないわけではないので、ぴったり当てはまらないんだけど、既存の言葉でいちばん近い言葉を探したら「隠居」しかなかったんですよね。

稲垣 他に考えました？

大原 ミニマリストとも違うし……。

稲垣 社会の「こうあるべき」みたいな型があるとして、それとは別の生き方ってことですか？

大原 そうですね。当時も今もそうかもしれませんが、メインストリームの生き方ってやっぱり大学卒業して、会社に入って、フルタイムで週5日働いて。だけど一人ひとり、生きていくのに必要なお金や欲しい分量が違うのに、そこに一律で合わせなきゃいけないのがどうしても出来なくて。じゃあそれ以外のやり方、自分にとって過不足ないぶんだけ働いて、あとはのんびりやっていく生き方の名前が見当たらない。フリーターだと、就職できなくてしかたなくやってるとか、ネガティブなイメージを持つ人もいるし。

稲垣 もっと積極的にその生き方を選んでいる。

大原 そう、主体的にのんびり暮らしをやってますよ、っていう。

稲垣 **メインストリームから外れても楽しく生きていけますよっていう意味での「隠居」。**

大原 はい。しかも経済的に自立している。

稲垣 まさにＦＩＲＥですね。

でも、先ほど「今の生活は隠居とは違う」とおっしゃったじゃないですか？ 今の定義だと、現在も隠居なんじゃないかと思うんですけど。

大原 これは独自に設定したルールなんですけど、**本の印税を使わずに隠居生活を賄えているかどうかがポイントで。要するに、誰にでも再現性がある暮らしをいつもしたいと思っているんです。**

稲垣 あ〜。それで印税を使いたくないんですね。

大原 そうそう。だって、印税が入ってくるのは特権じゃないですか。みんなが持っていないものを使うのではなく、誰でもできるやり方で「隠居」が成立することを大切にしているんです。

稲垣 そこは社会に対するメッセージというか、社会実験というか。

大原 社会実験ですね。印税を使って隠居しました、だと自分がつまんない。

稲垣　まさに自我を超えてますすね。全身で社会貢献じゃないけど、ある種のフロントランナーというか、みんなに「こんな暮らし方があるぞ」ってことを身をもって証明したい意志がすごく強い。

大原　そう、**やっぱり自分がメインストリームに乗れなかったので、そうじゃない生き方があることを証明したかった。**

稲垣　でも、たとえば本を書く才能が特権だとして。コンビニに勤める才能も、ある種の特権だと思うんです。私にはその才能がまったくない。だから、特権とか再現性って、どこからどこまでを指すのか、厳密に考えていくとなかなか難しい。

大原　そうですね。普通って何？　って話になっちゃいますね。

稲垣　そうそう。**「みんなが出来ること」ってのが案外難しい。**昔だったら畑を耕して、稲刈りの手伝いをしてとか、なんとなく誰でもできる仕事が農作業の中にあったと思うんですけど、現代って職が細分化しすぎていて、たとえばコンビニだって……私、仕事辞めたときに「いざとなったらコンビニで働けばいい」とかナメたことを思っていたんですけど、今はいろんなアプリだの、メルカリだの、公共料金の支払いから宅配便の受付までコンビニの店員さんがテキパキ担っているじゃないですか。あれを何の躊躇もなくこなしているのって、すさまじい能力だと思っています。真面目に考えたら私には到底できない。だから、誰でも出来る仕事って現代ではどのくらいあるのかなと思って。食堂で働くにしても、私、タブレット端末の操作とか全然わかってないし。じゃあビル掃除かなと思ったんですけど、掃除って目配りと気配りの世界だからセンスがすごく必要だし、能力が高くないと絶対出来ない。

そう思うと、誰でもできる仕事って……意外と本を書くことがいちばんハードル低くないかという気もする。

大原 それをまとめて個人誌として刊行している人もいますし。出版社とつながっていなくても、webで日記書いたり。

稲垣 そうそう。面白い文章書く人、たくさんいますよね。本を書くことの方が案外誰でも出来る気がする。

大原 そうですね。ただ、これが普通だってことを設定して、それに安心している人たちがまだまだたくさんいるから、それを揺さぶりたかった、みたいなことです。

「理想の生活」

稲垣 で、FIREの話になるんですけど、FIREって究極的には、みんな理想の生活がしたくて取り組むわけじゃないですか。で、それにお金が絡んで、とりあえずお金を貯めなきゃ理想の生活はできないよねというのが出発点。で、たぶん扁理さんも私も、もうお金の心配はないわけじゃないですか。

大原　そうですね。

稲垣　親の介護はちょっと置いておくとすれば、ある意味、FIRE後の理想の生活をしているわけじゃないですか。で、**その理想の生活が、すっごく規則正しくて、みんなが「わぁ～羨ましい～」って思いそうな生活と全然違う（笑）。**

大原　基本、超地味ですね。

稲垣　それが面白いところで、あ、念のため断っておくと、私たちはお金がないからこういう地味な生活をしているわけではなくて、もし何億円かの宝くじが当たったとしても今の生活を変えることは絶対ない。その意味で、まさしく究極の理想の生活なんです。で、「これが理想の生活だよ」って知ったら、わざわざ投資とかする過程って必要ない。

大原　誰でもすぐ出来る。

稲垣　あなたの理想の生活って何？　って言われると、たぶんみんな、キラキラした生活を想像すると思うんですけど、じゃあ私たちみたいにリアルに「理想の生活」が出来るようになると、実はこんなに地味な、お金のかからない、ただの日常ですよね。

大原　みんなが想像しているのと逆で、**楽しみはここじゃないどこか遠くに取りに行くものじゃ**

なくて、すぐ足元にあって。隠居生活の何が楽しいかと言うと、今まで自分がお金を払って外注していたことを洗い出して、ひとつずつ自分の力でやっていく。それを積み重ねていくことで、**何かにあらかじめ奪われていた人生がひとつずつ自分の元に戻ってくるというか、自分のものになっていく感じが超楽しい。**無料のエンタメがこんな身近に！　ってことなんです。

稲垣　すっごくわかります。まったく一緒。扁理さんは隠居を始めてからそれに取り組み始めたんですか？

大原　そうですね。

稲垣　そのきっかけは？

大原　最初は完全に節約のため。まず、3食とも絶対に自炊。

稲垣　それまでは外食だったんですか？

大原　それまでも自炊はしていたけど、食パンにただピーナツバター塗っただけとか、生のにんじんを食べるだけとか。内容が全然違った。

稲垣　非常食みたい（笑）。

大原　そうそうそう。若い頃って食べること＝胃を膨らませることだから。

稲垣　時間が無いとか、めんどくさいとか？

大原　時間もお金も無い。そんな感じだったんですけど、**気持ち的・お金的・時間的余裕が出来ると、そういうところに目が向くんです。**自分、何を食べているんだろう？　って。

そこで、食べるということを見直していった。腹を膨らませるだけの行為だったのが、だんだん、食べるってことが自分の心と身体にどういう影響を与えているか観察し始めました。これを食べるとお腹を壊す／便通が良い、身体を冷やす／温める、少し食べれば満足感があるもの、逆につい食べすぎてあとから苦しくなってしまうもの、とか。それで、せっかく食べるなら、自分により良い影響のある食べ物を選ぶようにしていきました。これは自分を大切にする、ということともつながりますけど、自炊をすると、そんなにお金をかけずとも自分を大切にすることが出来る、っていうのも嬉しい発見でしたね。社会の常識をそのままインストールするんじゃなくて、いちいち自分と対話する習慣は、こういうところから身についていったように思います。

それまではコンビニの割引になった弁当とか食べていたんで。今でもたまにカップ麺くらいは食べますけど、基本的に3食自炊したい。

稲垣　お金を払ってやっていたことがお金使わずに出来ると、すごく楽しいですよね。

大原　一つひとつが発見で、あれも出来た、これも出来た、じゃあお金をかけなきゃいけないことって何？　みたいな。**そうすると家賃とお米代くらいになってきて、必要なお金がどん**

どん減ってきて、すごく余裕が生まれてくる。

稲垣 それって、節約が目的だとしたら一種の我慢じゃないですか。我慢じゃなくて「面白い！」に転換したのは、すぐでした？

大原 隠居生活を始めてから徐々に、ですかね。隠居前も経済的な理由で節約はしてましたけど、その目的は少しでも自分のお金を減らさないため、それだけ。で、それだけを考えて生きていると、心が超ギスギスするんですよ。でも、引っ越して余裕が出来てからは、節約の目的は愛する隠居生活のため、というふうに変わった。全然イヤイヤやってないし、むしろポジティブな行為に転換したんです。

で、「これで隠居生活が完成！」と思ったのが、東京郊外に引っ越してから約2年後くらい。それまでは、これ要るかな？ あれ要るかな？ っていろいろ試して、その過程も楽しかった。

稲垣 これ要るかな？ っていうのは、無くて良くない？ ってこと。

大原 そう。当時は古着とかもたくさん持っていて、古着って個性的なものが多くて好きだったんです。あ、でも古着といっても下北沢の何万円もするヴィンテージものじゃなくて、近所の古着屋の百円とか二百円の雨ざらしコーナーですよ。でも、個性的ってことは他のものと合わせにくい。そういうものを全部捨てちゃって、今は汎用性のある、没個性ファッションが大好きなんです。でも、ちゃんとそのプロセスを経て、たどり着いてるので。

稲垣　個性的な服を経た上で。

大原　そうそう、だからもうブレない。一見、自分にとってベストなスタイルを見つけるのに遠回りしたように見えるけど、**今思えば全部、自分を知っていくという過程だったと思います。**

安いけどもったいない／高いけどもったいなくない

大原　あと、食に関しても損得の主語が広がってきたから、たとえばスーパーでいちばん安いお米を買っていたのが、この無農薬で頑張っている農家の米を買えば応援になる、農家が続いてくれることでみんなの選択肢の存続にも貢献できる、と思うようになりました。

稲垣　私も最初、安いモノを買っていたんですけど……私の場合、象徴的なのは海苔なんです。

大原　海苔？

稲垣　海苔が大好きなんですよ私。で、スーパー行くと「お徳用」みたいなのが売っていて、すごくいっぱい入っていて安くて、最初はそれを喜んで買ってバリバリ食べていたんですけど。でもある日、近所に感じのいい古いお茶屋さんを見つけて、そこに行ってみたいなと思って、でも私、家であんまりお茶飲まないんでどうしようかと。で、よくよく観察したら、ウインドウに「海苔あります」って。で、よっしゃと思って張り切って入店したら、スーパーのお徳用と比べたら想定外の値段がついていて、日和ってその中のいちばん安いのを買って食べたら……いやいやいや香りが全然違うじゃんってびっくり。スーパーで売ってた海苔、海苔じゃなかった！

大原 (笑)。

稲垣 確かにお茶屋さんの海苔は高いんだけど、**よく考えたら「海苔じゃない海苔」をたくさん食べるより、ちゃんとした海苔をありがたく適量食べる方がずっといいし、**そうなると高い海苔を食べてもトータルの出費はそんなに変わらないんですよね。そこから海苔が切れると必ずそのお茶屋さんで買うようになって、おかげで海苔しか買わない客なんですけどすっかり仲良しです。結局、**損得じゃなくて、モノだけじゃなく「つながり」のために買う方が、自分にとってはお金を使うときの納得度が高いし、安いけど払うのがもったいなくない。自分だけが得するために安いものを買っていたときって、安いけどもったいないんですよ。**でも、高いけどもったいなくないというか、扁理さんも書いてましたけど、ここでお金を使うとお金が悪いことにならない。**お金の嫁ぎ先を決めている感覚**です。

大原 そうそう。

稲垣　そう思うと、お金を使うのが嫌とか、もったいないとかではなくて、「いってらっしゃい」みたいな気持ちに転換しますよね。

大原　そうなると、そういう店ではむしろ積極的に使いますよね。僕も東京で隠居してたときは、お米を買うお店は近所のおじいちゃんがやってる小さなお店だったんですけど、そこで買うと、必ずどういう生産者がどういう農法でこのお米や野菜を育てているか、っていうエピソードが聞けるんですよ。たとえばオーガニックの認証を得るのって、お金がかかるんですよね。だけど小規模の生産者だと、そこまでの資金はない。でもなるべく農薬を使わないEM農法で、オーガニックと変わらないクオリティの農作物をがんばって作っているとか。そういうのも楽しみだったし、大事に食べようと思うし、「こないだ買った野菜おいしかったです」と言いに行けば、だんだんつながりも出来てきて、お金に換算できない価値がついてくる。

稲垣　そういう話を聞いてから食べるお米の方が絶対美味しいですよね。

エスケープ・フロム節約

稲垣　今、物価高だから、みんな節約に興味があるじゃないですか。私もよく取材で「節約生活のコツを教えてください」って訊かれるんですけど、**「いやいや、私、節約はしてないんで」**って断るんです。扁理さんと私の生活って、節約生活と似ているようで全然違うし、どっちに行くかはけっこう大きな分岐点。自分が大きな世界とつながってるんだって感覚になったときに、私はよく「予算執行」って言うんですけど……。

大原 予算執行？

稲垣 そう。私という国家があって、私がその国家予算をどこに執行するかを決める。自分なりの国作り。お金を使うってそういうことだと思うんです。**自分にとって望ましい世の中をどうやって作るか。それは商品だけじゃなくて、作っている人、売っている人含めて考えた上で。お金は、自分の望む世の中を栄えさせるためのひとつの道具。**

大原 節約特集とか言ってる人は、そこにたどり着いていない。

稲垣 ここ、大きな差ですよね。その「ただの節約」を抜け出したときにいろんな不安が無くなるし、お金を使ってもお金の心配をしなくていい。というか、お金を自分の贅沢のために使いたいって感覚じゃない。

大原 じゃないですよね。めちゃくちゃわかります。

稲垣 私も扁理さんと同じで、最初は節約から入ったんです。扁理さんは隠居生活を始めて2年後くらいに完成したとおっしゃっていましたけど、私はそれまでの生活のサイズがすごく大きかったから、今の家に引っ越したときに、服とか本を一気に捨てざるをえなかったんです。収納スペースが無かったから。あとは、家電を捨てたことも大きくて。

大原 冷蔵庫を捨てたのはすごいですよね。

稲垣 うん。ことごとく捨てた。そしたら、**自分の家の中だけでは生活が完結しなくなったんです。**近所の店が自分の冷蔵庫になり、銭湯が自分の風呂になり、エアコンもカフェのエアコンを使わせてもらう。で、そうすると、**自分の家をメンテナンスするように、近所の人や店をメンテナンスしなきゃいけないって発想**になったのが大きかったですね。自分ひとりがよければいい、じゃ済まなくなった。みなさんが栄えてこその自分の生活。で、このお店が生き残ってほしいと思ったときに、1回でドーンとお金を使うんじゃなくて、定期的に買いに行くことが大切じゃないですか。みんなが自分の生活に根付いたお金をコツコツちゃんとそこに使うことで、そういう店は初めて安定して生き残れる。そう気づいたことが私にとって、発想が変わった大きなきっかけです。自分が自分らしく普通に生活していることが世の中を良くすることにつながってるんだって信じることができたら、ひとりぼっちでも孤独じゃないし、特別なことが出来なくたって自分も生きている価値があるって思える。

大原 稲垣さんのお話を聞いていると、「家の機能を外出しする」「家電を捨てた」とか、ミニマリストとけっこう似ているところがありますよね。でも何かが違うな〜とは思っていて、それはたぶん、ミニマリストの場合、自分の生活をライフハック的にアップデートしていくことで、いかに効率よく、結局は個人的にどんないいことがあるか、に主軸が置かれている場合が多いからなのかなと思います。そこに他人があまり見えてこない。それはそれでいいんですけど、**稲垣さんの場合は、「みんなで生きていく」ことに主軸が置かれている**ように感じます。無償の労働もけっこうやっているし、ピアノの話なんて効率の悪さで言えばマキシマリストにもほどがあるじゃないですか。でも消費行動にしても生産活動にしても、生活のあらゆる場面で、自分も含めた周りの人たち、関わっている業界の人たち、さらに未来のまだ見ぬ人たちのことまで、自分を含めたみんなが機嫌よくいられることに非常に自覚的ですよね。**今・ココ・自分だけがハッピーでいることには興味がない。他人も一緒に生きてるんだよ！　という感じがするるんです。**

僕も隠居生活を始める前は、自分だけが嬉しい買い物をしていたんですよ。でも、隠居してからは、買い物するときは自分も嬉しいし、お店も嬉しいし、生産者も嬉しいし、あとお金も嬉しいっていう。この4つの視点を持つとお金の使い方がだいぶ変わるんです。

稲垣　まさに。いつからそうなったんですか？

大原　これっていうターニングポイントが思いつかないんですけど、日々のたゆまぬ自分との対話のなかで、そうなっていったんだと思います。だって、節約して自分だけが得してる未来が、どう考えてもハッピーと思えない。ひとりで生きているわけじゃないんだから。

稲垣　でも、節約生活の人ってそっちの方向になかなか行かないですよね。

大原　たぶんですけど、**過剰な節約生活の人は、自分の力を信じていないんだと思う。経験上、自分を信じることが出来ると、社会も信じられるようになる。**でも、自分の力を信じられなくて自分を過小評価していると、それを埋め合わせるようにお金の力を過大評価するしかないんじゃないですか。その結果が、過剰な節約。人によっては過剰な権威主義や、過剰なブランド崇拝や、過剰な学歴主義になったりするかもしれないですよね。自分のことだけを考えたら損しているけど、全体で考えたら得してるじゃん、っていう姿勢にシフト・拡大できると、めちゃくちゃ生きるのが楽になりますよね。

家事ができる、という財産

稲垣　なるほど。それで思ったのは、**扁理さんと私の共通点は、家事をやっていること**ですよね。家事が出来るってことは、自分の力を信じられるってことなんだと思う。だって自分で自分を幸せに出来るのが家事だから。ごはん作ったり、掃除したりとか。だから**私、家事が**

出来るってことが、一億円の投資資金よりずっと大きな資産だと思っていて。だって、家事って「メイキング・自分の幸せ」ってことじゃないですか。自分を信じるって、噛み砕いて言えば結局そういうことだと思うんです。お金に頼らず、自分で工夫して出来ることを増やす。別にお金が無かったら電車じゃなくて歩いて行けばいいじゃん、それが嫌々じゃなくて「歩いて行けるかなー。ワクワク」みたいな。そういう心持ちのベースにあるのって、家事だと思うんです。

大原 本当に足元のことですよね。僕、自炊するようになって、出来合いのものを買わなくなったときに、3食自分で作るじゃないですか。朝とかスコーン焼いたりして。そうすると楽しいんです。

稲垣 それ自体がね。

大原 全然嫌々やってない。そうすると、今まで自分は、このせっかく楽しい作業を他人に明け渡して、さらにお金まで払ってたんだなと思うと……逆じゃない⁉ って。「この楽しさをあなたにあげるんだったら、お金ちょうだいよ」って思うくらいになってきて。だからこの楽しさを、お金まで払って人にあげちゃうなんて絶対嫌だ！　と思ったんです。自分で出来ることはなるべく自分でやりたい。でも、世の中って逆じゃないですか？

稲垣 うん、逆。

大原　なるべく自分でやりたくない。

稲垣　で、それをいかに安く人にやらせるか。

大原　それがお得みたいになっている。

稲垣　そこが大きな差ですよね。

大原　**お金を渡して、自分の力も明け渡している。それってものすごく危険。**

稲垣　そう、二重に損している！　扁理さんが以前書いてましたけど、「コンビニに勤めてたとき、コンビニ弁当を買いに来る人がどうも幸せそうじゃない」って。

大原　今はもっと違うかもしれませんけど、なんか殺伐としていたんですよ。

稲垣　コンビニエントなのに！　それ、けっこう重要なことで。コンビニのお弁当って開発競争もすごくて、すごく工夫もされていて、何ならオーガニックだったりもする。なのにそれしか選択肢が無いとなったとき、そこに幸せがない感じがするのは……やっぱり無力感なのかな。自分自身では無力さを自覚していないと思うけど。

大原　**無力になると無意識に攻撃的になるってことはあるかもしれないですね。**防衛のためかもしれないけど。

稲垣　そう、で、無力なのでコンビニ弁当を買うしかない。自分で自分の美味しいものを作ることが出来ない。本当は出来るのかもしれないけど、時間が無いとかの理由で、実質的には出来ない。それで結局、自分で作ることを諦めたら、もうやらないじゃないですか。そしたら買うしかない。で、買うとお金が無くなる。するとお金を稼がなきゃいけない。そうなるともうFIREと対極、お金のために自分を犠牲にして、やりたくない仕事をやっています、みたいな。だからFIRE本を買うのかな……。

以前、フェミニズム系の議論で、家事労働がお金にならないのは不公平だという話を読んだことがあったんですけど、私、それにも違和感があって。**だってそれって「家事するのはお金にならない損な時間」っていう発想**ですよね。その発想が逆転したことが、私にとってすごく大きかった。いや、家事さえ出来たらお金とかほとんど必要なかったじゃん、余分なお金を稼ぎに行ってる時間こそが無駄！　っていう。

大原　お金を持っていても、自立していない人もいるし。そこがイコールになってないことに気づくかどうか、ですよね。

FIREは遠回り

稲垣　みんな、今、自立=会社に勤めてお金を稼ぐことだと思っている。でも、そうじゃなくて、自分で自分を幸せに出来る力がある人が自立している人だと思う。そこを知らずに

FIREに邁進していくのは無駄が多いって思うんです。だって、FIREを達成した後に私らみたいなこんな生活が待っているんだとしたら、あんなにFIREのために頑張った道のりって何だったんだよ？　っていう（笑）。FIREってすごく遠回り。そう思います。

大原　あと、自分を愛する、つまり**セルフラブとか、セルフケアとかって、真のFIREに至るために実はとても大事なエッセンスだと思うんですけど。**そういう部分まで書いているFIRE本ってないですね。

稲垣　お金に始まってお金に終わる感じがありますよね。お金があれば何でも出来る、逆に言えばお金が無ければ何も出来ないっていう宗教みたいなものが、いろんなことを狭くしている。

大原　セルフラブは大事ですよ。FIREしていても、セルフラブが足りているとは限らない。

稲垣　そのセルフラブがどこに行けばあるのかが一番大事なところだと思うんです。扁理さんがおっしゃったように、「こんな会社で一生懸命働いても、その先にセルフラブが待っていない」というのがあるからFIRE本を買ってしまうんだとしたら、じゃあ、FIREの先にセルフラブはあるのか？　という。

大原　お金があればセルフラブはついてくるのか、という問題。確かにお金があれば出来ることもあるけど、そこに頼ってばかりいると、お金が無くなったときに自分を愛する方法がゼロになってしまうってことなんですよ。お金を持っている自分しか愛せないっていう態度はセルフラブからもっとも遠いものだし、自分に対する脅迫というか……虐待と言ってもいいと思います。じゃあどうすればいいのかと言えば、簡単な話で、**家事こそが自分で自分を愛することの始まりだと。**

稲垣 そうです。実はお金じゃない！

大原 だとすると、それが面倒くさいことだとされている社会って怖くないですか？　自分で自分を愛することがめんどくさい、それを拒否している社会。

稲垣 そうなんですよ。なんで拒否しているかというと、お金が儲からないからっていう理屈ですよね。家事をしてもお金にならない。それでみんな会社に勤めるわけじゃないですか。で、その会社が利益を上げるために、「うちのサービスを手に入れればあなたは幸せになれる！（自分では何もしなくていいんです！）ちなみに有料です」みたいなことを言うわけですよ。あ、有料です、とは言わないけど。

大原 （笑）。

稲垣 私、ふだん電車に乗らないから、たまに乗ると動画広告がすごいことになってることにいつもびっくりするんです。家電の宣伝が本当に多くて、「もう少し大きな冷蔵庫を買えば家族の時間が生まれる」とか。冷蔵庫がない人間からしたら「エーッ」て。こういう、お金を使って何かを手に入れれば、あなたの悩みはすべて解決っていう宣伝って、逆に言えば、お金を使わないとあなたの悩みは解決しないっていう脅迫でもありますよね。でも、その会社で働く人は、自分の給料を稼ぐためにそういう仕事をしている。**つまりは誰かに仕組まれているわけじゃなくて、みんながそうやって仕組みつつ、実は自分も仕組まれる側にいる。この抜けられないループの中で、結局誰も幸せじゃない。**たぶん、いろいろあって結果的にそこから脱出することに成功したのが私たちなんだと思う。

不都合なセルフラブ

大原　それって広告する側の人たちからすると、みんなが自分を愛さずにいてくれて、「お金でそれが埋められる」と思ってくれていた方が都合が良い。

稲垣　そうそう、「あなた、もしかして自分の人生満足してると思ってるでしょ？　いやいやいや違うんです。これがないと本当の満足は得られません」みたいな。

大原　そんな情報ばかり浴びていたら、自分の人生を好きになれないですよ。

稲垣　そうなんですよ。で、そういう目で広告を見ると、結局全部そうです。あなた、足りてると思ってるけど実は勘違い！　みたいな。

大原　ブータンって、国民の幸福度が世界一って言われていましたけど、あれって昔の話なんですよね。最近はスマホとか持ち始めて、インターネットで世界中の情報にアクセスできるようになってから、ランキング外になったんです。要するに外国との比較で、よその人たちはこんなに所有しているのに、自分たちはこんなに持ってないと思ってしまったという。

稲垣　私、ブータンに行ったことがあるんです。

大原　いつ頃ですか？

稲垣　会社辞めてすぐだから10年近く前ですね。いやもうホントめっちゃ素敵なところだったんですけど、でも言われてみれば当時から確かにその兆候はあって、都会の人は「足りてないから欲しい」モードが芽生えてきている感じでした。で、ブータン人のガイドさんが、私の暮らしぶりを聞いて「稲垣さんはエラいです。ぼくたちはこんなにモノが欲しい欲しいって言ってるのに」って、ブータン人に褒められた（笑）。

でも、**ブータンの人たちはやっぱり深くて。小乗仏教の国なので、目先のことよりも、輪廻転生が幸せの最終形態なんだっていう思想が本当に染み付いているんですね。彼らの目指す幸せの根っこは揺るがない。**来世で良い生まれ変わりをすることが人生の目的だと本当にみんなが信じている。だからそのガイドさんもしょっちゅう「稲垣さん、来世では

××してくださいね〜」とか言うんです。

大原　現世じゃないんだ。

稲垣　そう。でもその来世を信じた途端、現世が変わるんだと思いました。現世で功徳を積むことで、来世が変わるから。**やりたいことやって死ねば終わりっていうのと、現世の行いが来世とつながることは圧倒的に違う。**その軸の通り方がハンパないなって思いました。

大原　そういう意味では、自分の中の柱って日本人は無いですよね。

稲垣　無いわけじゃなくて、お金、なんだと思う。

大原　資本主義という宗教か。でも、自分の宗教を持っている海外の人たちの、いざというときのブレなさってすごいですよね。

稲垣　他人に対して親切にするってことが、ベースにありますよね。それが自分のためにもなるというか、利己主義的な考え方だけじゃない。宗教がある国に行くと、自分の中に軸がある人の強さを感じます。もちろん現代ではどの国も、それこそブータンでも「お金」は圧倒的なパワーを持っているんだと思うけれど、**宗教の存在が、人生がお金一色に染まってしまうことの防波堤になってるんじゃないかな。日本は損得だけになっちゃっているから、防波堤がない。**だからさっき言ったような広告の罠に、みんな足をとられていってしまう。

お金の人格化

●――既存の宗教じゃなくていいんですけど、資本主義教以外の物差しって、おふたりの中にありますか？

大原 僕の場合は、特定の宗教を信じているわけではないですし、会社などに属してるわけでもなく、資本主義にも向いていなかった。だから残る規範があるとしたら、自分を信じるってことですかね。**最終的に自分の中にオリジナルな神様的存在がいて、それが「違う」って言ってるな、**みたいな。言葉でうまく説明できないけど、言葉でうまく説明できないその領域に、神様がいつもいる、という感じがあります。いわゆる世間一般の論理や損得や正しさみたいなところから離れた何かが、直感として教えてくれるような感じです。

稲垣 それは昔からですか？

大原 昔からかもしれないですね。

●――『なるべく働きたくない人のためのお金の話』でお金を人格化して、「お金が自分の行動を見ている」と書かれていましたが……。

稲垣 それ、私もあの本を読んで「めっちゃ一緒」って思ったんです。私の場合は、松浦弥太郎さんがお金の話を書いてらっしゃるのを読んだのが始まりだったんですけど。**お金が欲し**

いのにお金を汚いもの扱いするのはどうなんだろうと書かれていたんですね。お金に自分のところへ来てもらおうと思ったら、まずはお金に敬意をもって接しなければいけないんじゃないかって。だからまず、お金のことを「お金さん」と呼びましょう、って。

大原　（笑）。

稲垣　お財布も、お金が来たらちゃんと向きを揃えて、きちんと入れて、不要なレシートとかもまめに整理して、お金が喜ぶようにちゃんと環境を整えてあげる。そうするとお金が「自分たち大事にされているんだ」と思って、自分のことを好きになってくれて、きっと助けてくれる。そういう趣旨のことが書いてあって。いやいやいやそんな？　って一瞬思ったんですけど、なんか心に刺さったというか、当時の自分にまったく無い発想だったので面白い考え方だなと思って、さっそく取り入れてみたんです。そしたら、けっこうものすごく変わったんですよ。何が変わったって、まず自分が変わった。お金を無造作に扱うことがなくなったら、使うときに「さようなら」じゃないけど……。

大原　**「いってらっしゃい」と送り出すような。**

稲垣　そういう感じ。雑に使うことがなくなった。確かにいつもお金が無い無いと言ってる人って、けっこうサイフが汚いですよね。お金をポケットに突っ込んでいたりとか。お金が欲しいくせに、それを無造作に扱う自分がカッコいい、みたいな。確かにそれじゃダメなんだと実感しました。

大原 それ、僕が本に書いたこととまったく同じです。でも、松浦弥太郎さんが言っているぐらいだから、それに影響されて、たくさんの人がやったりしているんですかね？

稲垣 でもその本、そんなに売れなかったらしいです（笑）。

大原 僕は『なるべく働きたくない人のためのお金の話』を書いたときに、この話を絶対スピリチュアル方面にしてたまるか、と思っていました。そんなふわふわしたことじゃない。スピリチュアル方面の人で、お金を人格化しているって人多いけど、「結局自分の利益のためでしょ？」っていう感じがする。そんな小さい話じゃなくて、**お金という第三者の視点を導入することで豊かさの範囲が広がるし、お金が自分の手を離れた後のことまで考えられるんですよ、**ってことが書けたと自分では思っているんです。

稲垣 お金をお金さんって呼ぶことは、スピリチュアルですかね？

大原 本当は違いますよね。むしろエシカル消費、つまり道徳的・倫理的な消費行動につながるアプローチだと思います。

稲垣 私、お金さんって呼ぶようになったら、**お金もプレゼントのひとつだと思うようになった。**「ありがとう」って気持ちを伝えるとき、お花をあげたり、おまんじゅう持っていったりしますよね。そうやって誰かにあげるモノとして、お金ってある種、よく出来ているところもあるじゃないですか。その人が好きに使えるし。だから、人に何かをあげるときに、お金をあげた方がいい場合がありますよね。

大原　そうですね。

稲垣　だけど、お金っていうだけで、みんな心が乱れて、おまんじゅうと違う扱いをする。そうじゃなくて、お金を「人にあげられるモノ」のひとつとして考えるだけでも違うんじゃないかと思います。で、質問って何でしたっけ？

大原　お金教以外に信じているものはあるかどうか。稲垣さん、どうですか？

ヨガは哲学

稲垣　私は神様を信じているわけではないんですけど、会社員を長くやってきたので、お金の世界にずっといた。で、だんだん苦しくなってきた自分がいて。たとえば会社で自分が評価されたいために、人を傷つけることも厭わないとか、人をちょっと泣かせても自分の成果にするとか、自分はそういうことをかなりやっているなって感じが積み重なってきていたんです。でも、そうまでして自分の評価を上げたところで、その先に何が待っているかというと、上の人を見ても全然幸せそうじゃない。そこにはさらに苛烈な戦いがあって、これって誰も勝者になれない戦いでは？　っていろいろ悩んで。

そこでヨガをたまたま本格的に学ぶ機会があって、ヨガってポーズだけじゃなくて哲学なんですよ。世の中と折り合って、幸せに生きるためにはどうしたらいいか？　っていう。なのでそういう本を、けっこう読んでいました。

ただそういう本を読んでも、会社員である自分には「わかるけど、それをやったら自分は負けて会社の中で惨めなことになる」としか思えなかった。**その惨めな自分に耐えられる自信もなかったし、「理屈としてはわかるけど、無理」っていうことが多かったんです。**

たとえば「人は結局、他人を喜ばせることがいちばんの幸せ。そのことに気づいたら人生は楽勝！」みたいなことが書かれていて。いや、確かにそうかもしれないけど、実際いま競争している中で「他人の幸せが自分の幸せ」なんて言ってたら、自分がとんでもないことになる。

大原　サラリーマン社会とは食い合わせが悪いですね。

稲垣　そうなんです。だけど、会社辞めたら「全然出来るよ！」となった。

会社を辞めると、自分の行動原理が白紙になるじゃないですか。それまで会社員という立場があった上で、これをやるべき／やるべきでないと決めていたのがゼロになるから、逆に困るところもあるというか。前もちょっと言いましたけど、仕事先の人からナメた態度を取られたときに、どうしたらいいのかわからない。そういう中で、「他人を幸せにしたら自分も幸せになる」って言葉が蘇ってきて、じゃあこの目の前の私をナメてきた相手を幸せにしてあげれば何かが開けるかも！　という発想が出来るようになった。

ヨガには戒律があって、やってはいけないこと、やった方がいいことが、ちゃんと決まっているのもすごくありがたくて。会社にいるときは、戒律を守るなんて、ちょっと道徳的すぎるというか、綺麗事すぎる気がして。結局知識としては知っていても、実際にやろうなんて考えたことがなかったんですけど、会社を辞めて行動原理が無くなったときに、何も無いのはしんどいじゃないですか。

大原　しんどいですね。

稲垣　なので、戒律を守って生きることも、急に「やった方がいいこと」になってきたんです。でもヨガの戒律は8つもあるんで覚えられない（笑）。覚えているのは、殺してはいけない、盗んではいけない。主にこのふたつです。でも、このふたつを守るだけでも大変なことで。もちろん人を殺しはしないけど、じゃあゴキブリを殺してもいいのか？　とか。あるいは殺さないにしても、**人に損をさせるのはどうなんだ？　人の心を傷つけるのはどうなんだ？**　とか、そういうことも考えたり。

あと盗むことに関しても、**1円でも安くモノを買うのって一種の盗みじゃないの？**　とか。これって自分に返ってくる問題でもあって、自分が頼まれた仕事が「ギャラ無しで」と当然のように言われることもあるんです。それは自分が盗まれている状態じゃないですか。それも嫌なんですね。盗みもしたくないし、盗まれることも嫌。そういうふうに考えると、何の縛りもなくて全部を自分で決めなきゃいけない生活の中で、何をやるべきで、何をやるべきでないのか、このたったふたつの戒律が自分の中では大きな指標になっています。神様じゃないけれど、メンターというか、とても頼れる存在。

大原 （自分が）**盗まれることを拒否するのも、社会貢献ですよね。「騙してお金を掠めとれた」って成功体験をこの世に生まない、という意味で。**

稲垣 そう。「しめしめ」って勘違いを増やしたくない。

盗まれないことも社会貢献

稲垣 特に厄介なのは、善い取り組みをしていると思ってる人が当たり前のように「ノーギャラで」と言ってくることで、それってすごく断りづらいじゃないですか。そもそもギャラを訊くだけでもストレスだし。でも、「盗まない」っていう戒律を持っていることで、おっしゃったように「盗まれないことも社会貢献」と思えるので頑張ってギャラを訊くことが出来るし、訊いた上で勇気を出して断ることも出来る。お金にがめついから断っていると思われるかもしれないけれど、それでもいいと思える。自分は単にフェアにやりたいだけなんだって。

大原　それも長い射程で見れば、他人を不幸せにしないことにつながります。

稲垣　ですよね。いいこと言ってくれるなー。

大原　いやホント、そう思います。でも、現代社会に生きている人たちは、何のために良い学校に行って、良い会社に入って、年収を上げるために頑張っているかと言えば、結局自分を幸せにしようとする行為なわけじゃないですか。でも、現実はそうなっていないわけですよね。

稲垣　うん。そう。

大原　ということは、**「自分じゃなくてまず他人を幸せにする」っていう逆張りは、アプローチしてみる価値ありますよね。それこそ騙されたと思って。**

稲垣　そうそう。でも、私は会社員のままだったら、きっとそれが出来なかった。騙されたくない！　って思ったと思う。弱かったなそこは。やっぱり組織の中で負けていった人の地獄を見てきたので……。

大原　実感こもってますねー。

稲垣 本当に怖かった。

大原 僕は会社員の経験がほとんどないので、わりと自由に考えられているのかもしれないです。会社で負けていった人は具体的にどうなるんですか？

稲垣 若い頃に尊敬していた、すごくキラキラしていた先輩が、負けて閑職に追いやられていったときに、やっぱり周りからも軽んじられるし、そうなるとどんな立派な人も平気じゃいられないんですよ。人間だから。で、だんだん他人の、特に出世した人の悪口ばっかり言うようになったり。

大原 それは悲しい。そこで稲垣さんが退社したってことは、自分を不幸にするのを拒否したとも言えますね。

稲垣 そうですね。そんな環境の中で、朗らかにやっていける人は神ですよ。で、実際そういう人もいるんです。そういう人こそ本当に偉人ですよね。でも私はそうはなれない凡人だという自覚があった。

大原 左遷されたとき、それまでに自分で自分を愛する積み重ねが出来ていれば、自分を蔑ろにする会社を辞められるんじゃないですか？

稲垣 確かにそうですね。っていうか、その積み重ねが本当に出来ていれば会社でどんな目に遭っても朗らかにやっていけたのかもしれない。そうあらためて考えると、私は会社員時代はやっぱり自分に自分を幸せにする力があるって認識をちゃんと持てていなくて、やっぱりお金だった。だから会社を辞めて給料がいきなりゼロになることは本当に恐怖で。**自分の依って立つものがゼロになるってことだから。だから会社を辞めることを計画し始めてからは、もう本当に一生懸命お金を貯めまくってましたね。**あ、その意味では私、まさにFIREを目指してたんだ！　でも実際に会社を辞めて、小さな家に引っ越してちょこちょこ家事をして生活してたら、質素ではあるけれど衣食住が完全に満たされてる状態になって、「これで良くないか？」って急に気付いて。つまりはあんなにお金を貯めまくる必要なんてなかったじゃんと。あと、その前に家電製品を捨てたことも大きくて。

大原　うんうん。

稲垣　家電は自力を奪うじゃないですか。そこで家電が無くてもやっていける、自分の力と工夫で何でも出来るって自信を取り戻した。その体験はめちゃくちゃ大きかったです。

大原　FIRE本で、こういうことを言っている人、全然いないですね。**結局、「お金が自分を幸せにする」って土俵の中での話だから。自分を自力で幸せにすることが大事だってことを押さえている本がない。**

稲垣　お金が無いとどうしようもない、ってところから始まっているから。でも今話していて気づいたんですけど、私もまったくそうだったんですよね。だからこそ、本当はお金が無くても幸せに暮らす力はあなたの中にありますよ、っていうことを強く言いたいです。そこにみんなが気付けば、日本のすべての問題は、ほぼ一瞬で解決するんじゃないかなとすら思う。

生き方が美しいかどうか

稲垣 私、「家事はベーシックインカムだ」ってずっと言っているんですけど。

大原 はい。

稲垣 困った時に、国になんとかしてほしいと言っても今は国にもまったくお金が無いし、これからもきっとそうです。だから無いなら無いなりに幸せにやっていける技術は本当に大事だと思う。

●――稲垣さんの場合、ヨガが補助線になったというお話ですが、大原さんにはそういう補助線がまるで見えない。どうやって今の境地に到達したんですか？

大原 うーん、最初はそれこそ仕方がなく。僕が東京郊外に引っ越して隠居を始めたときって、生活の目処が立ってなかったから。だからもう**節約から始めるしかなくて。そのうちに「あれ？　これ自分で出来るんだ、これも出来るんだ」って、自力を拾い集めていった感**

じで。 そしたら徐々に大丈夫になっていったんですよ。

稲垣 節約してると扁理さんみたいなところに辿り着けない人が多いって話をしたじゃないですか。むしろお金が無いことで、どんどんお金に対するこだわりが強くなってしまう。「お金さえあったら○○できるのに！」みたいな。なのに扁理さんはなんでそういう境地になれたのか。

大原 たしかに。節約中の人で僕よりお金を持っている人、たくさんいるはずです。

稲垣 絶対いる（笑）。

大原 何が違うんだろう？　でも、そういう人たちって逆にすごいと思う。自分の得のためだけに生活を切り詰めるって。僕の場合、そんなこと2年ぐらいでやっていられなくなっちゃった。

稲垣 節約生活が嫌になったわけじゃないんですよね？　節約していて、それが楽しくなったというか、我慢のはずが面白くなってきたってこと？

大原 それもあると思いますね。だから、同じ話になっちゃいますけど、損得の主語が広がって、そうすると、自分が得するためだけの節約に興味が無くなったというか。

稲垣 それは何かきっかけがあったわけじゃなくて？

大原 それがね〜、どこなんですかね〜。

稲垣 想像ですけど、もともと掃除とかお好きじゃないですか？

大原 好きですね。

稲垣 掃除とか洗濯はずっとやってらっしゃったんですか？

大原 実家にいたときからやってましたね。なるべく自分のことは自分でやろうと思っていたので。これ、変にかっこつけてるみたいに聞こえると嫌だけど、美学というか、そういう風に生きている自分が美しいかどうか、みたいな基準はありますね。今、あらゆることを判断する基準が「お金」しかないじゃないですか。基準をひとつしか持っていないから節約地獄から抜け出せないっていうことは、ひょっとしたらあるかもしれない。**僕はお金がなくても、自分で自分の生活を整えて、美しく生きられているなら大丈夫、**と思える。別の言い方をすると、お金がないと幸せじゃないと思っていたり、自分の損得だけ考えて生きることは、美しくないからやりたくない。

稲垣 扁理さんって、本だけ読むと引きこもりというか、閉じた人かなという印象をお持ちの読者もいるかもしれないですけど、いきなり世界一周旅行したり、外国で「仕事をください」って言って回るくらいだから、全然引きこもりじゃないと思ったんです。

　何が言いたいのかというと、**私は自分の幸せを自分で作るときに、家事だけじゃなくて、「他人」も大きなキーワードなんです。**で、扁理さんはそこはどうなのかなと思って。

いま私は人と具体的につながっていくこと自体が、確実に自分の支えになっている。会って「こんにちは」って挨拶するだけの、近所のお年寄りも含めて、そういう人がいることで自分の存在価値を信じられる。「今日、原稿が1行も書けなかった……」みたいなとき、公園でひなたぼっこしてるいつものおじいちゃんに「こんにちは」って挨拶して、めっちゃ笑顔で「こんにちは」って返ってきたときに「あ、私、生きている価値あるな」って。

会社員のときは、社内の評価だったり、成果だったり、給料だったと思うんですけど、そういうものじゃなくて、他人とのつながりの中で「生きている価値」が簡単に得られる。大した能力とかなくても。ニッコリと、口角を上げて挨拶するだけで十分。

だから「稲垣さん、よくテレビ出てる」「本が売れてる」とか言われますけど、そんなものは超水商売。そうじゃなくて、テレビに出ていようが出ていなかろうが、本が売れていようが売れていなかろうが確実に大丈夫！　と思える何かをちゃんと持っていることが、自分の一番の宝であり安心なんです。

大原　生活は変わんないですよね。僕も、本が出ても出なくても、生活は絶対に変わんない。

ポートフォリオの見直し

稲垣 で、私の場合は自分には何があっても失われない人間関係があるっていうのが今の生活の支えなんですけど、扁理さんは「近所に話をする人が全然いない」って。

大原 地元には全然いないです。

稲垣 でも、自分で家事をして、セルフケアが出来るとなったときに、その次に何をする？　って話になるじゃないですか。もちろんセルフケアだけで終わってもいいと思うんですけど。もう自分は満たされてるわけだから。でも私はたぶんそっちじゃなかった。扁理さんの場合はどうですか？

大原 それ、すごく良い質問だと思ったんですけど、僕、若かったんですよ。

稲垣 今も若いですよ（笑）。隠居を始めたときの話？

大原 そうそう。で、今アラフォーですけど、20代の頃は自力で何でも出来たんです。だから他人をまったく必要としていなかった。だけどアラフォーになって、先日、台湾で体調崩して寝込みましたけど、そのとき思ったのが**「自力って減っていく資産だな」**って。

稲垣 そうなんですよ！

大原　**若いっていうのは「自力」の富裕層ってことなんですね。で、若いうちはそれに気づけないんです。**あって当たり前だから。風邪ひいても自力で治せるし、急な徹夜の仕事も自力だけでゴリ押し出来た。普通にやれば出来ちゃうから、何の対策も反省もしないじゃないですか。ところが、この歳になって思うのは、「自力で生きていける」ことと「自力でしか生きていけない」ことの間には大きな隔たりがあるんですよ。手段がひとつしかないのは、生存戦略として明らかに脆いんです。僕は自力に頼りすぎて、この罠に片足ハマってました。友達もいるにはいましたけど、めんどくさくなるとすぐ切るし、つながりをそこまで重視していなかった。でも、みんな、いつかは自力で出来なくなるときが来るんです。そのとき、別の方法を持ってないと、とんでもないことになるぞ、と。これが、アラフォーになった僕から、自力を過信していた20代の自分への自己批判です。

で、僕がＦＩＲＥの民たちに感じる危うさもそこにあって。いちおうリスクの分散とかいって、依存先を細かく分けてはいるんですけど、それ全部お金の話なんですよ。そうじゃなくて、使えるお金が１円も無くなったとき、お金じゃない手段をどれだけ持っているかが問われるんです。

僕はそこで初めて、**稲垣さんのように、「他人とつながることを覚えなければ」って思いました。自力にベットしすぎていた自分の幸せを、どんどん他人に分け与えていって、**

私も他人から少しずつ受け取って、ということを始めなければいけない段階に今、来ています。だから稲垣さんの生き方は、これからの私のロールモデルになるだろうなと思ってます。

稲垣 たしかに年齢はあるかもしれないですね。

大原 若かったら、別に他人と仲良くしなくても生きていけるし。

稲垣 **あとやっぱ、おじいちゃんおばあちゃんが他人事じゃなくなってきた。**

大原 この切実さが20代のときには持てないんだなぁ（笑）。

稲垣 近い将来の私！　って思うから、ここで親切にしておけば、将来私の周囲にそういう人がいるかどうかは別だけど、でも自分がそういうことしたら世の中がそういうことになる、ひとつのきっかけになるかもしれないじゃないですか。だから、確かに年齢はすごく関係ありますね。

大原 かなり大きい気がします。言われてみれば、稲垣さんがおっしゃった、公園でひなたぼっこしてるおじいちゃんに挨拶するみたいなことは、僕、若い頃から自然にやってますね。若すぎて将来の自分とつなげて考えられなかったから、世の中のためにやってるとか、そこに自分の存在価値を感じたりとか、そんな大きな話だとはまったく意識していなかっただけで。

だからお金もそうだけど、**お金以外も含めた資産は年齢とともにポートフォリオを見直さなきゃいけない。で、僕、たぶんリバランスの時期にきていると思うんです。今まで自力に頼りすぎていた**と思っています。

稲垣　なるほど。

大原　これ、すごく大切。で、こういうことを言っているFIRE本は無いから、これ、すごく重要な本になりますね。

●――そこがすごく面白い点だと思います。おふたりの生活は鴨長明とかソローと違って、ある種の都市型というか、自分だけに閉じていない。先ほど稲垣さんがおっしゃったように、周りにいろんな人やお店があって、そこにアウトソーシングしている。

稲垣　よく、銭湯とか豆腐屋とかカフェとかにお世話になって暮らしてるというと、それは東京だから、都会だからとか言われるんですが、それは今たまたま都会生活をしているので、そういうサバイバル戦略を取っているだけで、たぶんどこに行っても、お店やアイテムが変わっても同じことをする気がします。

大原　田舎に行けば、アウトソーシングのエリアがちょっと広めになるだけで、やることは同じかもしれないですね。でも、東京ってそういう意味では本当にすごい。面積あたりのリソースがギュッと詰まっている。

稲垣 そうなんですよ。東京ってオシャレな店がたくさんあるとか何でも売ってるとかそういうことで評価されがちなんですけど、**本当に集積してるのは「人」で、いろんな人がいるからいろんな価値観の人がつながりやすいってことが良いところだと思うんですよね。**でも、それを使っていない人が多いと思うんです。私が近所の人と日常的に「お裾分け」をしあってるというと、みんな「え、現代の東京でそんなことが！」と驚くんですけど、それはただ資源を見逃してるだけで。で、たぶんその大きな原因が、それこそみんな、お金にしか目が向いていないからだと思う。資源っていうのは、石油とかレアメタルとかじゃなくて、たとえば弱っているお年寄りとか孤独なおじさんみたいな人が実はいちばんの資源だったりするんですよ。困ってる人はニーズが多いから、なんかちょっとしたことをしてあげるだけですごく喜んでくれて……そう、「リターン」が多いんですよ。

大原 ノーリスク・ハイリターンって最高の投資ですよね。僕も、おばあちゃんが地下鉄の駅で、カートを（エレベーターがないから）階段で運ぼうとしてるのを見ると、「持ちましょうか？」って必ず言うんです。たとえ断られたとしても、その場の空気がちょっと和むんですよ。**この「和み」の蓄積による社会貢献ってバカにできないな、って思います。**

稲垣 空気を変えるってすごく大事ですよね。風が吹けば桶屋が儲かる、じゃないけど、実は影響力が大きいです。やっぱりみんな、孤独がいちばん辛いから。誰かが自分のことを気にかけているってことが、何より嬉しいんですよね。見ててくれる、気付いてくれる、無視されない。それを周りに配ることで、感謝された自分こそが得をしているっていう。

大原　回り回って本当にそうですよね。だけどそれが現代社会では真逆になってますもんね。人助けに時間と労力を使うことが、損したってことになっているから。

稲垣　最近は特にバーチャルな世界の割合が個人の中でどんどん拡大していて、リアルでの人との接し方がどんどん下手くそになってきている気もします。

5

「働く」と「稼ぐ」を再定義する

大原 僕、この間、富裕層の一軒家に泊まったんです。鎌倉の閑静な住宅街で、行くまでの道は狭いけど家はものすごく余裕がある。象が飼えるんじゃないかってぐらいの庭付きでした。で、家もびっくりしたけど、富裕層の生活スタイルにも驚いて。企業の会長だから、ほとんど働いていないんです。

稲垣 お年寄り？

大原 もうすぐ還暦と言っていた。

稲垣 じゃあ私と同じぐらいだ。

大原 そう。その会長の妻が僕の長年の友達だったんです。で、面白かったのが、富裕層の会話って基本的に全肯定なんですよね。

稲垣 あー。

大原 女子高生みたいな「わかる～」って安易な共感じゃなくて、「そうなんだ」「なるほどね」って、ちょっとワンクッションある感じ。話題は何でもいいんです。たとえば最近観た映画の感想とか言ったとき、絶対に否定が返ってこない安心感がある。そうすると、その場がとても穏やかで、**清らかで、誰もネガティブにならない感じがしたんですよね。**だけど逆に、そんなに面白いこと言ってないのに笑ってくれたりするから、「自分はここにいるとダメになる」と思うんですけど（笑）。「金持ち喧嘩せず」ってこういうことなのかなど。

富裕層の生態観察

●——その富裕層は、もともと何で成功した人なんですか？

大原 アパレルの会社を自分で立ち上げたみたいです。で、「金持ち喧嘩せず」と思ったことがもうひとつあって。その日、蕎麦屋にみんなで行ったんですね。タクシーを呼んだんです。僕、友達、会長さん、友達の友達、あと乳幼児がだっこひもで膝の上。全員で5人いたんです。まあ赤ちゃんはだっこひもで膝上だし、4人乗りのタクシーでいけるかなと。そしたら、運転手さんがぶっきらぼうに「5人は乗れません！」って。こちらもルールを無視したいわけじゃなくて知らないだけなので、「すみません、赤ちゃんも入れると5人になるので……」と、ワンクッション入れてくれたら伝わり方がずいぶん違うのにな〜と思ったんですが、AIみたいな言い方をした。そのとき「一歩間違えたら失礼じゃない？」と思ったんですけど、そこにいた全員、「あ〜、そうなんですか〜。じゃあもう1台タクシー呼ぶ？」って、運転手の失礼を春風のようにかわしたんです。もしも自分が運転手の側だったら**「あ、この人たちには失礼が届かないんだ」**と思って、失礼をやめると思いました。びっくりした。とにかく余裕があるんですよ。
僕、マンガに出てくるような意地悪な富裕層に会ったことがないんです。本当にいない。以前も、1冊目の本（『20代で隠居』）が刊行されたときに、友達の友達に金持ちがいて、1回しか会ったことなかったんです。だけど友達を介して「それはめでたいわね、お祝いしましょう」ってレストラン予約してくれて、全部おごってくれて。何この人たち!? って。

稲垣 お金持ちの人って、私もそんなに知り合いいるわけじゃないですけど、確かに意地悪な人は見たことないかも。でも……会話が退屈じゃないですか？

大原 それ、せっかく言わなかったのに（笑）。逆に言うとそうなんです。

稲垣 私、実は今、お金持ちっぽい人の集まる場所を避けてるんです。というのは、何度か偶然お金持ちの人と話す機会があって、最初は全然意識してなかったんですけど、どうも居心地が良くない。で、これって何なんだと考えてみたら、**私にとって興味のある話題がほとんど出ない**んです。どこどこの何が美味しいとか、誰々と知り合いだとか、どのお店が良いとか、どこそこの海外の観光地が良かったとか……つまりお金を使うことが前提の話ばっかりなんで、そりゃ自分は興味持てなくて当然だなと。だからお金持ちの人との食事とかパーティって、退屈で仕方がない。早く家に帰ってピアノの練習がしたい（笑）。

大原 たしかに、稲垣さんにとってはそっちの方が良い時間の使い方。

稲垣 で、気づいたのは、私みたいに「お金持ちになりたい」という気持ちがゼロだと、お金持ちのどこに興味を持てばいいのかわからないってことなんです。扁理さんはそういう人たちと、どういう会話をするんですか？ 私、今はファッションブランドとか、有名なレストランとかホテルとか一切興味ないんで、すごく困るんです。

でもなんか感心してみせないと失礼な気がして、「え～、そうなんですか～」「いいな～」とか言ってる自分が辛いし、興味ないのに相槌を打たれてる相手にも結局失礼。

大原 たしかに「この表面的な会話、何？」と思うこともあって。これがずっと続いたらつまんないと思うだろうな、とは思いました。

稲垣 4年に1回くらい聞く分にはいいのかもしれないけどね。

大原 富裕層って、僕、普段会わない人種だから、家もめっちゃ観察しちゃった。**富裕層の特徴、僕、思ったんですけど、いったん仲間だと認めた人の口コミは全力で信頼する。**

稲垣 あ～。

大原 友達の友達が「逗子に美味しい食堂があって」と言ったら「いいね。明日そこに行こう」とか言って即決、スマホで調べもしない。

稲垣 そこは私も調べないです。だって親しい人の情報の方が、食べログとかのまったく知らない人の評価より絶対確実じゃないですか。

大原 顔の見える人が言っているし。

稲垣 そう、それも自分と同じような価値観や金銭感覚を持ってる人の情報だったら一番確実。

大原 それはありますね。でも、食堂くらいならいいけど、新しく引っ越した家。「この家、どうやって見つけたんですか?」って訊いたら「知り合いの紹介」と言っていて、いやすごいなと。たぶん良い物件って、富裕層の間でそうやって……。

稲垣 そりゃ貸す方も売る方も信用できるもん。一般メディアに広告を出して見ず知らずの人から応募が来るよりは確実にトラブルのリスクも少ないだろうし、お金を取りっぱぐれる心配も少ない。

大原 そうですよね。そうじゃなかったら、あんな象が飼えるぐらいの庭付き一軒家in鎌倉、ありえないよ~と思って。

稲垣 私、その家がそもそも羨ましくないな。象の庭の維持、ひとりじゃ出来ないもん。そしたら庭師を雇って、となるから、**それこそ永遠に相当額のお金を稼がなきゃいけない。もう住まいというより「事業」です。**そこまでして時間も労力も取られることが今の自分にとってはまったくの無駄だと思ってしまう。それはやっぱり、私たちが住むべき場所じゃない。住んでも荒れるだけ。

大原 そうですね。

稲垣 私はもう、今の話を聞くだけでお腹いっぱいだな。お金持ちって基本的に、お金を使った贅沢が好きじゃないですか。でもお金を使って出来ることって案外ワンパターンだなって。
　私、料理人とか音楽家とかダンサーとか、そういう、お金じゃ手に入らないものを求めてジタバタしてる友達の話を聞くのが面白くてすごく好きなんですけど、それに比べて、お金がある人って、結局やることが一緒になりがちじゃないですか？　でっかい犬飼うとか、でっかい家買うとか、贅沢なものを食べるとか

大原 バリエーションが無いというか、方向性が一緒ってことですよね。
　僕も金持ちに対する憧れはまったくないんですけど、ナショナルジオグラフィックで「金持ち」という珍獣の生態をのぞき見するみたいな感覚なんですよ。向こうからしたら、「年収90万円」の僕こそ珍獣だと思うんですけど。だからこっちの話も面白がってくれて、お互いが動物園みたいな（笑）。僕にとっては新鮮な体験なので、定期的に金持ちの生態チェックはしたいです。

稲垣 でも、もう今日話したこと以上のことは出てこないんじゃないかな。誰々と知り合いとかさ、だから？　っていう。

大原 あなたは？　と。

稲垣 そう！　あなたも本当は面白い人なんですよ絶対。**でもお金があると、何でもお金で解決したくなりがちだと思うんです。そうなると、そのことに時間も気も取られて自分で自分を掘る時間が無くなってしまう。それこそがお金の一番の恐ろしさなのかもしれない。**

虚業の墓場

稲垣 以前、シャネルのすっごく面白いテレビシリーズを観たんです。カール・ラガーフェルドがデザイナーの時期の、オートクチュールのコレクションのドキュメンタリー。カール様から、わけわからん芸術的なデザイン画が怒涛のように届いて、お針子さんたちが「これ何？　どうなってんの？」って解読しながら服を作っていく。ショーの直前までやり直しに次ぐやり直しで、ようやく良いのを作ってカール様に見せたら「これでまたアイデアが湧いちゃった」「えー！」みたいな（笑）。みんな「来年はこの仕事、絶対に辞める！」とか言いながら、おばちゃんたちが一生懸命作って、コレクション当日、素晴らしいモデルが着て、夢のようなコレクションになって。もちろんそれを見に来る顧客は大金持ちばかり。

で、後日、その大金持ちのお得意さんがご夫婦でお店にやってきて、奥様がお姫様のようにいろいろ試着して、何着も買っていく。たぶん、さっきの扁理さんの友達よりさらにすっごい超大金持ちで、そんな彼らのおかげでコレクションが成り立っているわけです。でも、これが残念なことに……似合ってない！ いや、美人なんですよ間違いなく。髪にもお化粧にもすごくお金をかけてる感じだし。でもやっぱり、あの素晴らしいコレクションを披露したモデルとは違う。当たり前だけど、年齢もスタイルもお金じゃ買えないわけです。となると、いくら美人でも、すごくひどい言い方をすると「なんか化粧濃い人が凝った服着てんな〜」みたいな……。

大原 （爆笑）。

稲垣 モデルが着ていたときの素晴らしさはどこへ行った？ あんな素晴らしいコレクションがこんなことに……って、かなりショックを受けました。やっぱりお金じゃないんですよ、扁理さんも書いていましたけど、**洋服は姿勢とスタイル。**

大原 そうそう。

稲垣 どんなにボロボロの服を着ていても、姿勢が良ければ似合うんです。

大原 その悲惨さは、誰も指摘できないですよね。旦那さんも言えないし、シャネルも言えない。本人だけが気づいていない。

稲垣 本人はたぶん、もはやシャネルじゃなくてもいいんじゃないかな？ という気もしました。

シャネルを買うことが毎年の恒例行事になっていて、本人にとってはユニクロみたいなものかもしれない。結局、お洒落かどうかにはそれほど関心がないような気もします。**やっぱりお金で手に入るものって本当に限界がある。**確かによく考えたら、あんな超モードなハイブランドの服が本当に似合う人なんて、お金があろうがなかろうが、ほんの一握りしかいないんですよ。ってことは、めちゃくちゃお金があって、しかもハイブランドの服が似合う人なんて、確率的にほとんどいないのが当たり前で。だからおしゃれひとつ、お金をどれだけ積んだって手に入らない。よく考えたら当然のことなんですけど、それにようやく気づくことができて良かったとつくづく思って。服に関しては本当に長い間振り回されて、お金も使いまくってきたんで。

土日がなくなる

稲垣 ここであらためて、「仕事って何？」という話をしたいんですけど。

FIREを目指す人たちって、扁理さんが言うように、この職場に居続けてもその先に良い人生が思い浮かばない。主に会社員だと思うんですけど、将来の展望がない仕事（会社）から脱け出したい、そのためのお金はとにかく確保して……っていう感じですよね。

でも、**そもそも「仕事＝お金を稼ぐこと」ですか？ 「仕事＝会社員であること」ですか？ という、そこから考えたいんです。**

大原 （笑）。

稲垣 扁理さんは笑うけどさ、でも、案外みんなそう思っているんですよ。みんな仕事を抜け出したいってことと、会社を抜け出したいってことがゴチャゴチャになってる。

大原 仕事が楽しくて、ちゃんと報われていると思えているんだったら、そもそもＦＩＲＥを目指していないですもんね。

稲垣 そこでバランスが取れていればね。

私が会社を辞めてフリーランスで仕事をするようになって一番びっくりしたのが、土日がなくなったってことなんです。**土日って会社員の偉大な発明だったんだ！** と気づいた。本当に、会社を辞めて以来「オフ」という日は一日も無くなったんです。でも考えたら、私は一日の中でオンとオフを分けているので、オフの日がなくても大丈夫なんですね。逆に完全オフの日を作らず、毎日ちょっとずつ仕事した方が効率的なんです。途切れちゃうとその後エンジンかかるのに時間がかかるから。

で、ＦＩＲＥもこの話と似ているところがあって。ＦＩＲＥって、一気に稼いで、永遠の夏休み、みたいなことですよね。つまり一日の中でバランスが取れていれば、別に無理して、耐えて耐えてお金を貯めて、その後ドッカーンみたいな必要はないわけじゃないですか。それって本当に必要なの？　毎日の中でバランスが取れていれば、そんなこと考えなくてもいいんじゃないの？　って思うんです。

だから本当に問題なのは、仕事＝すごくイヤなもの、我慢してやるものっていうイメージがあって、夢が持てないこと。そこにＦＩＲＥが注目されている暗黒面があると思うんです。だから「じゃあ、仕事って一体何？」ってことを、ふたりで話した方がいいかなって。

大原　なるほど。稲垣さんにとって「仕事」と「稼ぐ」って同じですか？　稼がないけど仕事ってことはありえます？

稲垣　会社員のときは完全に「稼ぐ＝仕事」だった。稼ぐために勤めているし、稼ぐために嫌なことも耐えて、っていう。完全にそういう関係だったので、辞めたときに、せっかくならそこを意識的に揺さぶりたいって考えたんです。**「稼ぐ＝仕事」って方程式をぐちゃぐちゃにして、いろいろ実験したいって気持ち**があって。で、最初に始めたのがヨガを人に教えること。

あ、私一応、ヨガの先生の資格を取っていたんですよ、会社員時代に。で、会社を辞めてからヨガを習いたいって友達に言われたので、近所のよく行くカフェで日曜に空いたスペースを使わせてもらって、最初はマンツーマンで始めたんです。で、お金はもらわないことにした。お金をもらわないことの先に何が起きるのかっていう……。

大原 それも実験ですね。

稲垣 そう。まずは自分がどんなふうに感じるのかなって。まあ、そもそもお金をいただくほどのことでもなかったので自然に出来たんですよね。で、結局今もずっとやっているんです。
　で、最初は鼻息荒く「私、お金もらいません！」みたいな感じがあって、新しく来られる方に「お金はいただかないんですけど、無料だからラッキーって終わらせるんじゃなくて、お金についていろんなことを考えるきっかけにしてほしい」とかいちいち説教してたんです。自分が無料で何かをもらったら、それは私にじゃなくて別の形で誰かに返す、みたいな。そういう循環が起きると良いなという理想があったので、勢い込んで、いちいちそういう説教をしてた。でも初日にそれを言うので、みんな「……」みたいな。

大原 校長先生の朝礼の話と同じで、流しまーす、みたいな。

稲垣 そうそう（笑）。で、そのうちめんどくさくなって、今は特に何の説明もしていないんですけど、**面白いのが、何も言わないのに、生徒さんがなんだかんだとモノを持ってくるようになったこと。**実家から送ってきたとか、旅先で買ったとか言って、野菜とか果物とかをまとめて持ってきて、来ていた人みんなに配る。で、これって、私が無料で教えていることが遠くで影響している気がするんですね。ふわっとした全体の空気として、ものをあげる、もらうっていうことが、お金を介さなくても当たり前になっている。**損得じゃなくて、そうした方がいいじゃん、みんな嬉しいじゃんっていうようなムードが、少なくともこの場では普通になってきているんです。**

あとは今、盆踊りの練習会のお手伝いをボランティアでさせてもらってます。近所のお寺で昔からある盛大な盆踊りがあって、その練習会に前から参加させてもらっていたんですけど、主催してる方々が高齢になってきて、このままいくと続かないなと思って、会場の予約とかを担当してます。ボランティアっていうほどのことでもない地域活動ですけど、これもすごく大事にしている活動ですね。

あとピアノの原稿も、私のところにお金が通らない形で連載しているんです。それはちょっと変則的で、私はお金をもらわないんですけど、ピアノのレッスンの話なので、私の原稿料を先生のレッスン代として編集部から先生に直接払ってもらっている、ってことで丸く収まってたんですけど、結局原稿だけの話じゃなくなってきてイベントに出なきゃいけなかったりで練習時間がすごいことになってきて、経済合理性でいうとまったく訳のわからないことになっている（笑）。

だから今は、**お金をもらわないけどやる仕事、お金をもらってやる仕事、その中間みた**

いな仕事がミックスされていて、経済合理性で言うと何の合理性もない仕事生活なんですね。そもそももらえる額も相手次第で、大変な仕事だからたくさんもらえる、ってわけでもまったくない。だから、いろんなことがぐっちゃぐちゃなんですけど、そのおかげで私の中では、仕事とお金が完全に切り離された存在になっていて、お金をもらう仕事も大事、お金をもらわない仕事も大事、っていうスタンスになれたことはすごく良かった。だんだん仕事だろうが遊びだろうが全部一緒になって、仕事という概念自体が溶けました。

自発的にやる

稲垣 この前も、たまたま大阪で日本酒のイベントがあって。私、日本酒マニアなので、そっち関係の知り合いが多いんです。で、飲食店をやってる大好きな友達に「稲垣さんちょっと手伝ってほしい」と言われて、「もちろんいいよー」って2泊で行って、まあ一番誰でも出来る仕事、お客さんの捌きというか、並んでいる人の行列を管理して、入り口で参加費をいただいて、席に誘導する係をさせてもらったんです。で、まあそれなら出来るかなと思ったら、私、暗算が全然出来なくて、お金の管理にすっごい焦った。

大原 (笑)。

稲垣　自分のポンコツぶりすごいと思ったんですけど、若いスタッフみんなが助けてくれて、ポンコツながらも必死にお手伝いして、それがめちゃくちゃ楽しくて。３００人ぐらいお客さん来たところをスタッフ７人で回したんですけど、**なんとかイベントを終えたときの「やったー!!」っていう気分。これ、南の島でトロピカル・カクテルを飲んで得られる幸せより断然上。**みんな日本酒が好きで、日本酒の普及という目標があって、イベント開いて、たくさんの人が来てくれて。こんなに楽しいことある!?　と思いました。

で、これってよく考えたら、たぶんお金もらってないってことが大きいと思ったんです。お金をもらったらただのアルバイトになって、「あと何時間で仕事終わり……」ってなるじゃないですか。でも、お金をもらっていないと、純粋にその仕事を一生懸命やるしかないし、私たちもそういう気持ちで行ってるから。

大原　普通は仕事って、たくさんお金もらうとモチベーション上がるとか言われるじゃないですか。でもそうなのか？　「仕事って何だろうな?」ってあらためて思いました。

やっぱり、**自発的にやっていることが大事かなと思います。で、その楽しさ自体が報酬になる。自発的にやると、楽しさを取りに行こうとしますよね。**それを体験として知っていると、仕事が「お金を稼ぐ」以外の意味を獲得して、広がっていく。そもそもボランティアって言葉自体、自発的って意味でもあるし。たとえば就活する大学生って、自発的にやっているように見えるけど、内実はみんながやっているからやっているだけであって、自発的とは違う。

稲垣 あれは社会のレールの中に自分が乗っかっていくためのものであって、大学入試みたいなもんですよね。

大原 自分のことを振り返ると、外に出て積極的に人付き合いをするタイプでもないので、生きていくための方法として自力に賭ける部分が多かったから。食べられる野草を摘みに行くとか、そういうのも数えたら今までけっこう仕事してきているなと思います。

最初は自分も仕事＝お金という回路で生きていくことに何の疑問も持ってなかったんですけど、生きていく方法がだんだんお金じゃなくてもいいってことがわかってきて、お金じゃなくても良くなると、**今度は仕事が、生きるためじゃなくて楽しむための作業みたいになってくる。そうなると、もう、仕事って何だっけ？ みたいな。仕事と仕事じゃないことの境目がどんどんなくなってくる感じ**がありましたね。

稲垣 うん。まったく同じなのが面白いです。今になってみれば、仕事って、自分と周りが良くなるために一緒に協力し、何かをやっていく／生きていくってことだなと自然に思えてきて。だから、散歩の途中でおばあちゃんにニッコリするとか、それも仕事と言ってもいいんじゃないか。周りを良くし、自分も良くなるという意味では、仕事。そう考えると、仕事と仕事じゃないことって分けられないですよね。自分の生活を良くするためにやることはすべて仕事、と考えれば、人生全部が仕事。もちろん家事もそう。

100の仕事があれば

稲垣 人生で肝心なのは、その人なりにハッピーに生きていくこと。そのために出来ることがあれば何でもやればいいと思うんです。で、人生の中で仕事を位置づけるとすると、仕事って「他人との関わり」ですよね？ 他人と一緒に何かをするとか、自分が何かした結果を他人に喜んでもらうとか。**広く言えば、仕事って他人と関わることでお互いに良い世界を作っていきましょうよ、っていう。**綺麗に言うとすれば、そういうことだと思うんです。だから、**仕事とお金を切り離したときに、仕事は当たり前に人生の中で必要なことだと思うようになりました。**

大原 なるほど。稲垣さんと僕の仕事に対する姿勢は、「自発的にやっている」という点では共通してますけど、ただ、僕の場合は若かったこともあって、かなり個人的な話だったたんですよね。ひとりで出来ることばかりに目が向いていたんですよ。稲垣さんが力説する「他人との関わり」は、結果的に関わっていたとしても、視界に入ってなかったです。あんまり年齢のせいにするのもアレなんですけど、やっぱり関係あると思いました。若い時って、仕事するときに時給しか見てなかったですもん。隠居後は、お金が発生しなくても、いかに自分が楽しいかが大事だったし、アラフォーになった今は、周りを巻き込んだらもっと良い循環が起こりそうっていうのはすごくよくわかる。つながりや人間関係に投資するというということですもんね。無償でも全然やりたい。まあ、今誘われても、親のことがあるのでそんなに行けなかったりするんですけど。

●――親の介護は仕事だと思いますか？

大原 親の介護も仕事と言うこともできますけど、嫌々やっているうえに無償じゃないですか。これ、僕の中では最悪の仕事なんですよ。何の役に立ってるのかもよくわからないですし。だから、どう位置づければいいのか、まだ答えが見つかっていない感じですね。

稲垣 仕事とお金の話でいうと、仕事イコールお金じゃないとは強く思ってるんですけど、最近、お金はお金で良いところもあると思っていて。

さっきの日本酒のイベントも、お客さんは参加費を払うわけです。たとえば「日本酒好きな身内で集まって飲もうぜ」だと、閉じているじゃないですか。知り合いじゃない人に来られても「え？　誰？」みたいな。**でも、そこにお金が介在することで広げられる。お金って、そういう使い方をすると有効な手段ですよね。風通しを良くしてくれる。たぶん、**

お金ってそういう役目を担うものだと思うんです。

大原　その使い方はお金が喜んでいる感じがする。

稲垣　お金は力《フォース》っていつも言ってるんですけど、お金自体には良いも悪いも無くて、使う人の心意気だけですよね。

大原　なんか、自分が資本主義だとしたら、稲垣さんを目の前にしたら困っちゃいますね。

稲垣　私、資本主義を制したのかも（笑）。

●——今のお話を聞いていると、会社員って就業時間中はタダ働きを選べない。お金が介在した仕事しか出来ない、その自由を奪われてしまっている。自分で「これは無償で請けるよ」と言えないのが、不自由だなと思いました。

稲垣　たしかに。だから会社ってある意味、とても歪なシステムかもしれないですね。

大原　人間の性質ってもっとあいまいで、バイオリズムもあるし、全部が経済合理性だけで割り切れるわけないいんだけど、週5日フルタイムで毎日8時間、ずっと経済合理性を求められる。これはなかなか人間のキャパシティを超えている感じがしますね。

●——たとえば農家の場合、土日の休みがあるわけじゃないし、今の稲垣さんのお話と限りなく近い発想で働いてます。今、ほとんどの人たちが囚われているのは、会社社会に限定した話ですね。

稲垣　そういえば、新聞記者時代、過疎地で町おこしをやっている人の話を聞いたときにハッとしたんですけど、その地域では昔の人って肩書きが無かったんですよね。**百姓っていう言葉が典型的で、100の仕事があって、近所の家が壊れたらみんなで直しに行ったり、収穫作業や祭りの手伝いとかで手が足りない場所があれば行って手伝ったりが当たり前、**それで社会が回っていた。自分の職業はこういう仕事です、と言う必要がない。

大原　**いわば全員がフリーランス。**

稲垣　歴史的に見れば、そういう時代の方がよっぽど長かったわけです。だから実はそれが案外正解なんじゃないかな。だって、みんなが協力して生き延びればいいわけで、そこにお金が介在しなくたって何の問題もない。

大原　100の仕事があれば誰でもどこかで必要とされるってことですよね。

そういえば僕、こないだ『道草いっぱい』という絵本を読んだんです。著者のやしまたろうさんは、戦前にアメリカに移住した方なんですけど、故郷の鹿児島での小学生時代の思い出を描いた絵本なんですね。やしま少年は下校するときに毎日いろんなところに道草しまくるんですけど、昔の田舎って、いろんな人がいろんな仕事をしているんですよ。健常者だけじゃなくて、聾唖の人が下駄の修理を任されていたり、片足を無くした人が米を搗いていたりする。これってすごい、と思いました。障がい者の人たちも、多様性のために無理してそうしてるんじゃなくて、自分の出来ることに合わせて、自然に何らかの仕事があるんですよ。**みんなに仕事と居場所がある。こういう世界があったのか〜、と。**

稲垣 うん。それで思い出したんですけど、農家の友達が小さなお店を始めるにあたって、お店の建物を建てたいと。で、どうせなら昔ながらの家屋を建てたいということで、柱の間に竹を編んで行って、そこに藁を漉き込んだ土を塗って壁にするという……。

大原 そういう壁、ありますね。

稲垣 私、面白そうだから手伝いに行ったんです。竹小舞という、竹を組んで格子みたいなものを作る仕事。これがまあコツはいるんですが、教えてもらって必死に頑張れば私でも時間はかかるけど壁の1枚分くらいは半日で出来るんですね。で、聞いたら昔はそんなふうに、誰かが家を建てるときは、集落総出で建てたらしいんです。力仕事は男の人がやって、竹小舞はおばあちゃんとか子どもの仕事。どんな人もやる仕事、最適な仕事があるんです。で、みんなが寄り集まることで家一軒が建つ。これ、すごくないですか？　今は業者に見積もりを依頼して、莫大な資金をどんなふうにローンを組んで返していくかっていうところから始めるけど、昔の家は手作りで、みんなが働いて家を建てる。そこにお金が介在しなくても良かった。材料もそのへんにある土と藁、まさに自然素材なんで材料費もかかっていない。**みんな持ち回りだから人件費も発生しない。これと現代の家作り、どっちが効率的なんだろうって。現代人はお金以外の部分を取り逃しすぎているんじゃないかって。**

お金をもらう仕事、もらわない仕事

稲垣 ただ、一方で、私、お金をもらう仕事にもこだわっているんです。そこ、すごく悩んだことがあって、「自分が足りない状態じゃなければ、お金をもらわなくたっていいんじゃないか」と思ったこともあったんですけど、でもよく考えたら、私が好きな友達って、何かを作っている人が多いんですね。で、その人にこれからもかっこいいものを作ってほしいと思っている。だから当たり前ですけど、その人が作ったものにちゃんとお金を払いたい。まけて、なんて絶対言いたくないし、むしろ多めに払いたいくらいじゃないですか。でもそのためにはお金が必要。だとしたら、**私もみんなと同じく人に喜んでもらえるような仕事をして、対価をいただいて、そのお金で自分の好きな仕事をしている人に対価を払うっていうのが一番自然なんじゃないかと。**だから、お金をもらわない仕事も大事にしたいんですけど、もらう仕事も大事にしたい。

大原 **なんか、資本主義を制したというより、めちゃくちゃうまく付き合っている感じがします。**

稲垣 まだまだ試行錯誤中なんですけどね。でもお金ってそれそのものが悪いわけじゃないから。だって物々交換だけだったらすごく狭い。扁理さんは、お金をもらう仕事ともらわない仕事ってありますか？　たとえば地方局のラジオ出演はお金もらわないと言ってましたけど……。

大原 そうですね。それは完全に自分が楽しむため。ただ、結果的にもらっちゃうことはあるかもしれない。お金じゃないにしても、何かをもらっちゃうこと。たとえば旅行に行く友達から「ペットの世話に来て」と言われると、「いいよ〜」って。そういうときはまったくお金をもらわない。で、おみやげをもらったりする。それも人の役に立ってると言えば立っているし、仕事かな、と。

稲垣 いろんな整理の仕方がありますよね。**私はお金をもらうことにもこだわっているし、もらわないことにもこだわっている**というか。整理しきれないときは納得いくまで訊いたり話し合うようにしています。

大原 僕がお金もらわなくても地方のラジオ局に行くのは、ラジオが好きなんです。隠居生活していると、テレビがないのでラジオが情報源であり、友達みたいなものなんですね。一人暮らしでも孤独を感じないのは、ラジオがいつも生活のなかにあったからじゃないかと思っていて、ラジオにはとても感謝しているんです。ずっと続いてほしい。で、自分が出演することでコンテンツを提供できるんだったら、それはラジオ業界全体に貢献していることになると考えていて。ラジオ全体に頑張ってほしいから行くって部分はあります。あとはまあ、本の宣伝にもなりますし。

稲垣 でもさ、それは5千円でも払ってもらった方が良くないですか？

大原 そうですね。地方だと、交通費でそれくらい飛んじゃいます。

稲垣 たとえば向こうがお金と無縁な、田舎で個人がやっているコミュニティラジオで、お金がないので食事をお出しするんだけど……みたいなケースだったらいいけど、スポンサーがついていて、それで食べている人がいる業界で出演者にノーギャラは、搾取の匂いがする。

大原 それがもし、自分の好きな業界、頑張ってほしい業界だったらどうですか？

稲垣 うーん。難しいところですけど、バランスの問題だと思うんですね。自分が応援している業界で、まだお金が回っていない黎明期とかだったら無料も全然ありだけど、ビジネスとして確立しているんだったら公平に分配してほしい。**特定の人だけ無料っていうのはフェアじゃない気がします。**だって出演者は出る以上、一生懸命やるわけじゃないですか。準備にも時間かけて。で、その結果その業界が成り立っているんだったら当然分配されるべきだと思うんです。それに、そうじゃないと持続性がないですよね。自分がタダでいいって言っちゃうと、他の出演者も「タダで」が常識になっちゃうかもしれないし。

あ、ただ、こちらからやりたいと言ったときは別ですけど。

大原 そうか。僕の場合、自分からラジオ局に押しかけてるんで（笑）。

稲垣 なるほど。

大原 僕は、自分から「やりたいです」って言って、誰かが手を挙げてくれたらラッキー、それでお金がもらえたらまたラッキー、みたいな感じですね。ラジオの場合は、出演が決まったら、必ず温泉や神社参拝、観光を組み込みます。だから仕事というより、もはや趣味みたいになっています。

稲垣 そうすると、生活のために働く仕事は、別に切り分けて考える感じですか？　家賃を払うための、最低限の収入。

大原 もちろん、そこが足りているから出来ている。だから、まず必要最低限のお金が足りているようにする仕事があって、その先は自分が満足するんだったらお金は二の次、という感じです。生活費も足りてないうちに、無償で仕事を受けることはありません。それは順番が違うと思う。

稲垣 なるほど。そこは人によっていろんな考え方があって、納得があればいいんだと思います。自分が今すごく思うのは、**本当に理想的なのは出て行くお金と入ってくるお金が、ほとんど一緒であることなんじゃないかって。**ずっとそんなふうには考えていなくて、当然、入ってくるお金が多い方がいいとしか思っていなかったんですけど、本当は黒字は出来るだけ出さない方が良いのかもしれない。自分の時間とか労力を考えたら、それがいちばん良いバランスだと思うんです。

大原 つまり、自分が必要としていないお金のために働いてるから黒字になっていると？

稲垣 そうそう。

でも、そこが私の矛盾しているところで。私はちゃんと衣食足りているんですけど、相手との関係性の中で「ノーギャラは違う」って思ってしまうので、黒字になってしまいがちなんです。で、その解決方法として寄付ということを始めたんですけど、寄付するとそれはそれでそこに時間と気持ちを入れていかなきゃならないってことがわかってきて、これが本当に良いバランスなのかどうか……。

大原 売れっ子の悩みって感じがしますね。僕は黒字ですけど、基本的に働きたくないから仕事は選んでほとんどトントンにしているので、そこで悩んだことがないです。

じゃあ、最初から仕事をやらなければ、って思います？

稲垣 そう、やんなくてもいいんですよ。やんなくてもいいんだけど、前にも言いましたけど、仕事のオファーがあるということは、それは自分の力で得たというより、ご縁で私のところにやってきたものだと思うので、それはやっぱりやるべきじゃないかと。もちろん納得のいく仕事であることが大前提なんですけど。

大原 世の中へのお返し、みたいな感じですか？

稲垣 お返しというか、運命という感じかもしれない。**自分の何かが求められているんだとしたら、それは自分が作り出したものというより、たまたま自分のところにやってきたものなので、それは……運命というか義務があるんじゃないかと。**ちょっと綺麗な言い方すぎますけど。

大原 なるほど。たぶん稲垣さんは、トントンの範囲が僕より広いんですよ。僕もご縁を感じるものは引き受けますけど、やっぱり自分が納得できるかどうかが最優先事項なので。多少不義理をしても、苦手なら断ることもある。稲垣さんの場合、ご自分も含めたチーム稲垣全体の納得をつねに考えてる感じがします。

稲垣 そう言われるとカッコ良くて嬉しいんですけど、私も嫌な仕事はもちろん断るし、今のやり方も限界があって、こんなこと言ってるとボランティアも含めてやることがどんどん増える一方なので、そろそろ何とかしなきゃいけない。

今、60歳をひとつの目標にしていて。60歳までは、自分がたまたま得たものを世の中にお返しする期間として、求められるものがあるのならば頑張って働こうかなと。**で、60歳から徐々にリセットしていくつもり。**それがひとつの希望ですね。

大原 あと2、3年じゃないですか？

稲垣 2年ぐらいですね。もう1回振り落とさないと、義理も不義理もいろんなものが溜まって来ているので。

大原 楽しみですね。

稲垣 もう1回脱皮して、お金との付き合い方も見直したい。

大原 人生、いろんな段階がありますもんね。僕は今、完全にお休み期間。隠居、全然出来ていないな〜。

稲垣 でも段階って往々にして、自分で決められないじゃないですか。

大原 決められない。

稲垣 自分で決められることと、決められないことがありますよね。

捨てること

稲垣 人間ってどうしても決められないことに悩むことに時間を取られがちですけど、それって結局悩んでもどうしようもないことなので、その分、決められることを頑張ってやりたい。で、**今、自分でいちばん決められることって「捨てる」ことだと思っていて。だから定期的に捨てていきたいなと。**

年齢的なこともあるんです。もう死を射程に入れて人生を考える時期に来ているので。

以前こういう話を聞いたんです。遠い親戚がいて、まったく付き合いがなかったんだけど亡くなったと聞かされて、自分しか身寄りがいないからと言われて遺品を引き取りに行ったら何も無かったって。**トランクひとつぐらいの持ち物だけ残して身ひとつで亡くなったって。それっていちばんの理想だなと思っていて。**

でもそうなるためには、自分の死期はわからないから、病気とかになる前から段階的にモノを減らしていかなきゃいけない。つまり、日頃から相当意識を研ぎ澄ませて、何も無くてもやっていける状態を作り出していかないと。歳を取ると、みんな不安だからお金でも物でも貯めたくなるじゃないですか。そこで何も無くても平気ってなるためには、相当鍛え上げていかないと。歳取っていろんなリスクがやってくるのに持ち物ゼロって、かなりのことですよ。

大原　そうですね。

稲垣　いつ野垂れ死んでもいい、行き詰まったらいつ死んでもいい、って覚悟を日頃からビシッと決めていかないと。

大原　でも僕は、今の話を聞いて希望を感じました。現代の日本でインドのサドゥみたいな最期が可能なんだって。

稲垣　それってある意味、究極の目標ですよね。

だからさっきの話に戻ると、**今はちょっと、いろんなことをやりすぎている、持ちすぎているんで、60歳になったら段階的に整理していきたい。**

大原 そういう意味では、死ぬことに対して明るい諦めがありませんか？

稲垣 うん、明るい諦めというか、**いつか死ぬって大きな希望ですよね。**

大原 本当そう思います。昔は死ぬことがすべての終わりで、イコール絶望だと思っていたけど、今はそれが真逆に見えるって、めっちゃ不思議。

稲垣 確かに不思議ですよね。今思うのは、最後、みんな下っていくじゃないですか。最後まで上っていかなきゃいけないんだったらしんどいけど、どうやったって最後は下って死んでいくわけだから、そう思うと整理しやすいですよね。最後は絶対ゼロなんだから、持っていることってむしろマイナスになる。それって、すごく良いことだと思うんです。

大原 でもみんな、いつか死ぬ実感が得られないから。それが現代社会では一般的だと思いますけど、僕や稲垣さんは、永遠に続くと思われているものを自分から捨ててきた。

稲垣 うん。

明るい諦め

大原 冷蔵庫を捨てるのって、まさにそれだと思うんです。とくに冷凍庫の中に入れるとずっと保存できる気がする。で、ずっとあるもの／永遠に続くもの、と思ったら大事にしなくなるでしょう？ だけど、いつか終わりが来ると思ったら、急に大事にしようと思い始める。人生も同じですよね。**それがわかってから、いつか死ぬってことがギフトに変わった。将来じゃなくて、今を一生懸命生きようと思わせてくれるギフト。**

僕はそれを、父親の入院で感じたんです。だって、寝たきりって相当な状態ですよ。だけど、医療と介護が発達したおかげで生きている。なんか、こうなると命を保存できるような気がしてくるんですよ。でも、これが永遠に続くというのは勘違いなんだと。

稲垣 本当にそうですね。私も今のような暮らしを始めてから、時々取材で「稲垣さん、将来やりたいことは？」って訊かれるんですけど、「一切ないです」って答えているんです。それは、今やりたいことは今全部やってるから。結局、それが一番現実的なんですよね。今、みんな老後とか心配してるけど、10年後に日本が存在してるかどうかすら危ういぐらいの時代じゃないですか。で、ＦＩＲＥの人も、何十年後を考えてるわけだけど、その何十年後、来ない可能性だって十分あるわけです。
それよりは、今日一日のベストを考えた方がいい。将来のために今我慢するって発想は、結局、会社員と一緒なんですよね。

大原 すごくわかる。

稲垣 会社員は、今を犠牲にするかわりに将来は……と思っているかもしれないけど、その将来、来ないかもよ、っていう。

大原 今我慢すれば将来は部長になれるかもしれない、とか。

稲垣 そうそう。休日のストレス発散とかも、全部そういうことじゃないですか。平日は我慢をして休みに遊びに行くぞ！　とか。そういう考え方って、今となっては違ったなと思います。一日の中で、働いてる時間も、そうじゃない時間も、全部良くするためにはどうしたらいいか？　を考えるべきだったと思うんです。

●――この話の流れでカミングアウトしますけど、自分、今、ガン告知されていて、先日手術したばかりなんです。で、医者からは余命何年と宣告されている状態なんですけど、告知前と後で、全然心境が変わらない。

稲垣 それはすごいですね。

●――大原扁理さんも著書で「死ぬのは怖くない」と書かれていて、もともと「わかる、自分もそう」と思っていたんですけど、いざ死が近づくと心境が変わるのかな？　取り乱したりするのかな？　とも思っていたんですけど、何も変わらないですね。稲垣さんがおっしゃるとおりで、これまでやりたいことは全部やってきたから、特に未練とか無い。「死ぬまでにはこういう本をつくりたい」とかも、まったく無い。だって、常に現在進行形でそれをつくっているから。

大原 最強ですね。

稲垣 それはすごく大事なことだと思うんです。私、サラリーマン時代だったら絶対そう思えなかった。今じゃなくて「いつか」のことばかり考えていたから。

経済的な不老不死

大原 **冷蔵庫、病院、会社。どれもずっと生きていられると勘違いさせる装置かもしれないですね。ずっと生きていられるから、やりたいことがどんどん後回しになる。**

稲垣 「将来のために今を犠牲にして頑張る」って、美学として、みんなまるで良いことのように思いがちじゃないですか。

大原 ＦＩＲＥを目指す人たちも、そこは発想が同じですね。将来のためにＦＩＲＥするぞ、って。「老後２千万円問題」（金融庁の金融審議会による「老後20〜30年間で約２千万円が不足する」という試算を発端に物議を醸した、いかに老後の資金を形成するか？ を巡る問題）もそうなのかな、要するに経済的な不老不死を得たいってことじゃないですか。

稲垣 うんうん。

大原 結局、病院って「永遠の命」への憧れがある。冷蔵庫も「ずっと保存しておいて、いつでも自分の好きなときに好きなものを食べたい」という、永遠への憧れがある。もしかしたら会社に勤めることも、社会的に永遠の命が欲しいのかもしれない。だけど、**「いや、永遠は今ここにあるよ！」**っていう。これはなんて言えば伝わるのかわからないんだけど、永遠は今ここなんです！

稲垣 うん。**お金って、冷蔵庫と似てるんです。価値を貯められるじゃないですか。貯めておけることの罪／勘違いがあるんですよね。貯めておくことによって、今を蔑ろにしがち。**将来のことを考えるあまり、今を腐らせていく、今をおざなりにしてしまう効果もあるんですよね。

大原 結局、冷蔵庫も、病院も、ＦＩＲＥも、問題は「保存しておいて、で、どうすんの？」ってことですね。病院も「永遠に生きることを目指して、で、どうすんの？」。ＦＩＲＥも「経済的に永遠な生活を目指して、で、どうすんの？」っていう。みんな、保存できるということばかりに目が向きすぎていて。

稲垣 そうそう。

大原 そこをはっきりさせることの方が先じゃない？　って思うんです。そこを明らかにしておかないと、ＦＩＲＥを達成しても、入院して生き長らえても、苦しみや悩みは無くならない。で、じゃあどう生きたいか？　と考えると、結局は「今日一日を、なるべく楽しく、悔いなく生きる」ってところに戻ってきちゃうんです。**さんざん憧れた永遠とか、そういうのを全部回収したら、今ここが大切ってことじゃん！**　っていう。この説明が難しいんですけど……。

稲垣 いや、すごく良い説明だと思う。ただ、ひとつだけ私が思うのは、最初からそれをわかる必要は無いということ。

人間だもの

稲垣 私自身のことで言うと、会社を辞めて、**ＦＩＲＥ本の著者のようなことを実践したわけじゃないけど、結果的にＦＩＲＥ達成みたいなことになったわけです。**ライフスタイルの変化の結果、お金の心配から解放されて、いわゆる financial independence（経済的自立）ってことになった。で、そうなって初めて、自分がどう生きていけばいいかがやっと

わかったところがあるんです。最初からそれをわかっていてやったわけじゃない。

大原 あ、なるほど。それ大事ですね。

稲垣 会社員時代は常に「ワンランク上」を目指していて、そこから自主的に脱落というか、完全に下りることになって。で、自分でやってみて「あ、これだったの？」って、やっと気付いたところがあるんです。なので、最初からそれをわかっている人がベストで賢いけど、**人間ってアホだし、ここまで資本主義に煽られまくってるから、最初からわからなくても、そこに陥って初めてわかることもあるかも、**とも思う。

●——それは読者にとっても救いですね。今わからなくてもいい。

稲垣 うん。だからやった人間として「これで良かった」とは言えるけど、やっぱ人って往々にして、さんざん間違いをやらかしまくって、苦労して苦労して、最後に「え、これ⁉だったら苦労する必要なかったじゃん！」みたいなことになりがちじゃないですか。

大原 メーテルリンクの「青い鳥」みたい。

稲垣 そう。でも、それが人間かもな、と。

　だから、私はたまたまこうなった者の義務として、苦しんでいる人に「いや、全然大丈夫だから！」って言うことは出来るし、それには意味があると思っているんです。だけど、「結果がわかっているから最初から何もやんなくていいよ」とまで言えるかというと……

みんな自分なりにやらかしまくって、「なんか違うな」と迷う段階も必要なんじゃないかな。だから、FIREを目指している人たちも、それはそれで必要なステップなのかもしれない。

大原 辿り着くまでのひとつの過程として？

稲垣 そう。ただ、私がいちばん心配しているのは、何度も繰り返しますけど、彼らはお金に価値を置きすぎているので、**結局、FIREが終わった後もお金に支配される形で生きていくことになるとしたらもったいないということ。お金があれば幸せになれるっていう考えをずっと持ち続けていると、あんまり幸せな結果にはならない気がする。**FIREを達成した後に、「あれ？　この貯金って必要なかったんじゃ……？」「何だったんだ、この何年間は！」って思えたら、いちばん良いですよね。

大原 そうですね。すごく現実的なルートな気がします。

6

支出を減らすことは惨めなのか

稲垣 私、会社員時代に良い講演を聴いたことがあって。会社がそこそこ左前になってきて、お給料も上がらなくなってきたときに、総務部みたいなところが「自分のライフプランを立てましょう」と企画した社員向けの講演会だったんです。

っていうのは、みんなずっと良い給料をもらっていたし、その分、お金を野放図に使っていた。「このまま将来も何とかなるだろう」みたいな、そんな人ばっかりだったんです。もちろん私も。で、会社も「このままじゃコイツらほんとにヤバイ」ってなったらしく(笑)。

そこでファイナンシャルプランナーの藤川太さんを呼んで、社員が会議室に集められて。そこで藤川さんが「みなさん、収入がたくさんあるから定年後も何とかなると思ってらっしゃいますよね? でも違うんですよ」って話をしてくださったんです。**要するに、たくさん稼いでいる人は生活水準が高くなっているから、定年退職して収入が減っても、その生活習慣を変えることができないので、お金に困る人が多い。**簡単にまとめると、そういう話。みんなそんなこと考えたこともなかったから「そうなの!?」って顔になっていて……もちろん私もそのひとりで。まさに目から鱗でした。確かに収入の額の問題じゃないな、と。

で、その講演で藤川さんが披露したエピソードを今もすごくよく覚えていて。何かの事情で大きな借金を抱えてそれを返さなきゃいけなくなった家族の話なんですけど、一致団結して暮らしにかかる経費を削りまくって、無事に何年かで借金返済に成功した。で、もちろん「良かった良かった」となったんですけど、その後、そのご家族がどうなったかというと、もうお金が貯まりまくっちゃって……。

大原　それまでの節約生活が身についてしまった。

稲垣　そうなんですよ。身につきまくってしまって、今度は「このお金、どうしたらいいんでしょう?」って相談を受けるようになった、と。

大原　大成功じゃないですか。

稲垣　そうそう。それで藤川さんが「いや、旅行に行くとか、ごちそう食べに行くとか、お金の使い道はいくらでもあるじゃないですか」と言ったら、なんかピンとこないっていうか、「う〜ん、それもねえ」って感じだったらしいんです。で、結局、永遠にお金が貯まり続けたらしい。

こうしてＦＩＲＥくんは幸せになりました

稲垣　そこで藤川さんが言っていたのは、**結局お金に縁がある人は、欲が少ない人。足るを知る**

人。自分のことばかり考えない人、とか急に人生訓話みたいになってきて。

で、私の中ではその話がすごく面白くて、今思うとまさにそれっていちばん理想的なFIREですよね。動機は違いますけど、自分の生活を見直して、目標を決めて、その金額を貯めるために暮らしを変えて。で、「はい、貯まりました」となったときに、肝心なのは貯まったお金そのものじゃなくて、その間に培った人生のコア。だから、自分が本当に必要なモノを見極める修業期間としてFIREが存在するのなら、良い形で花開くこともある。

大原 いま、頭の中でFIRE童話の構想が浮かびました。**「こうしてFIREくんは幸せになりました」**ってラストシーンが……。

稲垣 (笑)。

大原 だから、前に「#FIRE卒業」って話をしましたけど(43p参照)、せっかくFIREを達成してもまた働くんでしょ? 5千万円とか貯めて結局働くんだったら、じゃあ人生の働く量を平均にならしたら、週2日働いて年収90万円をずっと続けるのと結果的には一緒じゃん。

稲垣 一緒なんですよ。

大原 じゃあ、そんなキリキリ節約しなくてももっと早くできるじゃん、って。

稲垣　そう、だからさっきも言ったけど、今を犠牲にして将来があるって考え方は間違っていますよね。**今を幸せにしないと、将来の幸せはない。**

大原　本当そう。

稲垣　節約している間に気付けばいいですよね。節約してても全然不幸じゃないじゃん！　って。でも悪い方向にいくと、**自分は節約で我慢しているがゆえに「お金使っている人がうらやましくて仕方がない」みたいになるパターンもある。被害者意識的な。そのサイクルにハマると良い形にはならない。**

大原　節約が好き！　と言っている人は全然いい。だけど、辛いのに節約している状態は何かがおかしいんです。それを見極めないと、辛いのはずっと続く。

稲垣　まず辛さの原因を見極めないと、ですよね。自分が満足できる到達点がぼんやりしていて、自分の欲がどこにあるか？　を把握しきれていない状態を放置しておくと、たぶん危険です。何をしても不満。足りない。

そこで自分の欲のサイズがはっきりして、「これがあれば十分です」みたいになれると、たぶんそこでＦＩＲＥを卒業できる。

ぼんやりした不安

大原 僕は隠居生活の初期に、そのぼんやりした不安の輪郭をつかむ作業をやっていたんだと思います。それまで都心で暮らしてた頃は、仕事をしてお金を稼ぐって、生きていくために嫌でも無限にやんなきゃいけないことだと思っていたんです。でも、郊外に引っ越したときに、「あれ？　お金って無限に必要なものではないのかも？　生きていく上で本当はいくら必要なのかな？」って実験したんです。そしたら、当時の自分にとっては家賃も含めて6万円くらいだったんですけど。**それがわかったとき、何に対してどれだけ不安を持てばいいのかがはっきりわかって。**不安も使いようというか。「じゃあ、そこから逆算して毎月これだけ働いて、6万円稼いだらあとは大丈夫なんだ！」ってわかったときの清々しさ。自由。

稲垣 わかるわかる。

大原 あとは、頼まれた仕事をやりたければやればいいし、やりたくなかったらやらなければいい。これってＦＩＲＥじゃん！　５千万円とか貯める必要、まったくなかった！

稲垣 わかります。本当にそう。その文脈で言うと、私がぼんやりした不安を卒業したのは冷蔵庫を捨てたときだと思う。食材の保存ができないから、その日に食べるものはその日に買うしかなくなって、**人生で初めて一日の食費がわかった。**一食150円とか。つまり月2万円以下だな、とわかったときに、2万円だったら、近所の人手不足のパン屋さんで早朝に週2回仕事すればいけるんじゃないかと。そう気づいた時のときの解放感。月2万円で生きていけるなら、今まで怒鳴られながら「これに耐えないと食っていけない」と思っていたけど、全然食っていけるじゃん！　と。**そのときからもう、超強気。私たちのFIREですよね、そこが。**

大原　僕たちのＦＩＲＥ物語。

稲垣　人間って案外そんなもん。私たちが特別に欲の小さい人間かと言うと、たぶんそうではないと思うんです。

大原　どうですかね。僕、昔から、いわゆる豊かさの象徴と言われるようなブランドとかクルマとか家とか、まっっったく興味ないです。

稲垣　扁理さん、そういう意味では昔から賢いですよね。ずっと賢いと思う。私はずっとそういうものにしか興味なかったから……。

ただ、扁理さんは逆にそんなに欲がなくて、しかも就職活動を「ムーブメント」と表現するくらい最初から自立しているのに、やっぱり「イヤでも働かないと生きていけない」

と思い込んでたわけじゃないですか。

大原 あ〜。あれを自立と呼んでいいなら、たぶん精神的には自立してたけど、経済的に自立する方法がわかってなかったんですね。でも、最初はしょうがないのかなと思う。**お金って、生きていく手段としていちばんとっつきやすいものではあるから、最初はみんなそこから始める。誰もが通る道なのかもしれない。ただ、それ以外の道が知られてなさすぎて、自分で探さなきゃいけなかった。**

稲垣 そうですね。

ダウンサイザー

稲垣 その関連で思い出したんですけど、貧困を研究していて活動家でもある人とお話ししたことがあって。会社員時代の話なんですけど、私、当時すでに冷蔵庫が無い生活をしていたんで、そんなことをちょっと話したんです。そうしたら、**当時はミニマリストって言葉がなくて、その人に「ダウンサイザーですね」って言われて。**

で、ダウンサイザーが増えると、自分たちの活動が否定されることになるっておっしゃったんですね。貧困支援で「このくらいお金がないとダメ」ってことで活動をしているのに、「いやいや、その半分のお金で全然やっていけます」みたいな人が出てくると、話がややこしくなるというか、運動の足を引っ張ると言われて、なるほどと思ったんです。

で、今って結局、ダウンサイズの方がある程度市民権を得てきているじゃないですか。その懸念はどうなったのかなと思って。

大原　たぶん、僕みたいな人がダシにされているというか。「年収90万円でハッピーにやっている人がいるんだから、そんなにお金配らなくていいだろ」みたいなことを言う人がいるんですかね？　そんなことに利用された日にゃあガチ抗議しますけど。

稲垣　これだけ国にお金が無くなってると、そういうことを言い出す人がいてもおかしくない気もします。なのでそこは確かに無視できないポイントのひとつだと思うんです。

で、もうひとつその方がおっしゃっていて印象に残ったことがあって、両親がいて子どもふたり、みたいな家庭では月30万円の収入が必要で、それでやっと普通の暮らしが可能なんだ、と。だからそれが運動としてのひとつの目安だと言われました。10年以上前の話なので今は金額が変わってるかもしれませんが。

で、そのときに、今の世の中でどうやって全員にそれを保証できるのか？　たぶん無理なんじゃないかとも思ったんです。高度経済成長期でもないし、大増税でも出来ればいいけれど、それもみんな嫌がるから、結局、将来世代からの借金でお金を配ることになるんじゃないか。本当にそれでいいのかって。そこで、いろんな意味で、その運動は現実的にはなかなか難しいなと思ってしまったんです。平均これくらいの収入がないと、と言い出した途端、全部お金の話にすり替わって、にっちもさっちも行かなくなってしまう。

大原 **貧しい／豊かの基準がひとつしかないと、「それ以外の人は全員貧困」みたいなことになっちゃいますね。**

稲垣 そこってみんな違うわけじゃないですか。

大原 うん。**貧困って個別の体験だから、均一化すると見えなくなっちゃう部分があるんじゃないかな。**

僕みたいな方法で貧困から脱却できる人は、待ってないでどんどん脱却すればいいと思う。自助と共助、どちらがいいかでぶつかる必要はなくて、方法はたくさんある方がいいですよね。それで結果的に貧困がなくなったら、そんなにいいことはないんですから。

自己責任論、肯定派

稲垣 それとちょっと関係あるんですけど、私が最近よく考えるのは、自己責任論ってあるじゃないですか？　私はある意味、究極的には自己責任論者だと思うんですよ。自分の人生がうまくいってないとき、誰かのせいとは言いたくない。社会のせい、会社のせい、誰かのせいで、自分の人生が台無しになったと言いながら死ぬのは絶対に嫌だなと思っている。で、これって結局自己責任論なんだと思う。まずは自分を変えろ、と。

でも、今って自己責任論者が極悪人のように言われるじゃないですか。それを見るたびに、やばい私、自己責任論者だわ……ってなるんです。世の中で一般的に言われるような「あなた、それ自己責任だから文句言うな」って、他人に対して言いたいわけじゃないんですけど。

大原　あ、僕もそうです。だいたいそっちの使われ方ですよね。

稲垣　でもこの自己責任って考え方そのものを、私はすごく大事にしていることも事実なんです。自分で自分の人生に責任を持って一生懸命やることは基本大事じゃないですか。その中から助け合いも生まれる。**自分で自分を幸せにするためには助け合った方がいい、というか助け合わないと幸せなんてやってこないと私は思っているので。だから「自己責任＝他人はどうでもいい」ではない。**それも含めて、私たちが言っていることは、自分を変えれば世界が変わるっていう話でしょ？　で、これってやっぱり自己責任論じゃないですか。

大原　たしかに、自己責任以外の何ものでもない。

稲垣　ですよね。だから私、最近、自己責任って言葉が出てくるとドキッとして、コソコソっと口をつぐんでいる。

大原 本来は、**自分の人生に責任を負うぞ、**って意味での自己責任だと思うんです。なんでそっちの使い方をするんですかね、みんな。

稲垣 でもね、よく考えたら私にもちょっとそういうところがあるわけ。

例えばコロナで、貧困がマスコミ的にクローズアップされましたよね。収入が低い母子家庭で、「これではお米も買えない」とナレーションが流れているのを見ると、いや、米は買えるのでは……と思ってしまう自分がいるんです。

といっても、もちろんその人が嘘をついているとかそういうことじゃなくて、たぶん「お米が買えない」っていうのは単純なお金の問題じゃなくて、米さえあれば生きていける、まずは何を差し置いても米を買うべし、という軸がはっきりしていないせいで、米の優先順位が低くなって買えないということだと思うんです。でもそれがマスコミに乗っかると、象徴的に「米も買えない」「大変だ大変だ」みたいなことが強調されて「国は何やってるんだ」ってことに話を直結させて、それに異を唱えると「自己責任論者」と糾弾されて、そうなると、米が買えないことよりも、どうやって少ないお金でもちゃんと食生活を成り立たせていくかのスキルが行き渡っていないことが問題なんじゃないかっていう視点が無視されてしまう。

大原　解決法、お金の一択？　みたいな。

稲垣　そう。一択じゃないですよね。

大原　今の話を聞いて、もしかしたら僕にもやっぱりそういうところがあるかも、と思いました。というのは、友達が体調崩して働けなくなったりしたときに、食材を買って持って行くことがあるんですね。で、そのときに思うのが、全員僕より生活水準が高いんですよ。

稲垣　なるほど。

大原　なんで自分は、自分よりも生活水準が高い人を助けてるのかな？　みたいな。

稲垣　それは「助けて！」って言われて行くんですか？

大原　いろいろですね。頼まれて行くときもあるし、出かけたついでにこっちから持っていくこともある。友達だから99％は助けたいんですよ。でも1％、あれ？　って思うことがある。それはやっぱり、さっきの貧困を救う活動の話と同じで、この友達が困ってるのは、お金っていう物差ししか持っていないってところに本当の原因があるからじゃないのかな、って。**たしかにお金って解決策として即効性があるんですよ。自分のお金が無くなっても、別の誰かのお金を使えばその場は解決したように見える。**だけど、また体調崩したときにすぐ行き詰まるんだったら、本当は何かあったときにすぐ行き詰まるようなその生活の仕方を見直す方がいいんじゃないの？　と思うことがあります。

これって、おまえも年収90万円で生きろ、オレが出来るんだからおまえも出来る、みたいな話では全然なくて。僕のお金を使って助けることが、根本的な解決になっているとは思えないからなんです。それが自分の好きな生活だからいいんだと言われれば、そうですかと言うしかないんだけど、でも生活を成り立たせる持続可能なスキルをお金以外にも持っておくことって、生活水準に関係なく大事なことだと思うんです。

それは、僕も隠居生活の初期にとことん向き合った部分で、僕にとってはけっこうポジティブで、全然ネガティブなことじゃない。むしろ自分自身をエンパワメントするような、サイコーな作業だったんですけど。

稲垣 みんな、今の生活水準が失われることそのものがとにかく怖いんじゃないかな。いま当たり前のように暮らしている部屋から、小さいところに引っ越すとか、古いところに引っ越すとか、今まで外食していたのを自炊に変えるとか、今と比べて失われるってことが絶対的に惨めだと思い込んでいるんじゃないかな。実は私自身も会社を辞めるとき一番悩んだのはそこなので、他人事じゃないんですけど、今そこを乗り越えてつくづく思うのは、何よりもその思い込みそのものがすごく、みんなの生活を苦しくしていると思う。

稲垣 ~~~

大原 苦しくしてますよね。

稲垣 私、今、外食を全然しないんですけど、昔は食べ歩きが好き、というか生きがいレベルで。

外食しなくなる人生とかまったく想定していなかった。でも、いざやってみたら家で食べる方がむしろ幸せじゃんと。だから、いざやってみればわかるんですよね。

大原　やっぱりそうなんですね。稲垣さんは一流企業に就職して、そこからリタイアしたので、ものすごく階段を下りたわけじゃないですか。僕はそもそも階段を上っていないので、外食できない生活、別に最初からどうってことない。ものはいいようですけど、**そういう意味では、僕はアドバンテージを持っていた。**

稲垣　そうですよね。だから、私がこういうことを言うと「稲垣さんはさんざん贅沢してきたから、そういうこと言える」とよく言われるんですけど、もちろんそうなんですよ。さんざん贅沢してきたのは事実。でも、そういうことをせずに、そっちがいいなと思った扁理さんの方がよほど賢い。

大原　遠回りしていないですからね。

稲垣　そうそう。私はだいぶ無駄なことをしてきた。たぶん健康も害してきたし。

自分が変われば世界が変わる

稲垣　で、自己責任の話に戻ると、私たちの話って、言わばオール自己責任論なんです。だって、自分が変われば世界が変わるし、だから自分を変えようよ！　って話ですから。

大原　ＦＩＲＥ本も完全に自己責任の話じゃないですか。社会が何もやってくれないから、自分でＦＩＲＥを目指そうっていう。だけどその、自己責任とＦＩＲＥの関係って誰も言っていない。

稲垣　うん。で、ここまで話していて思ったんですけど、社会が何もやってくれないから自分でお金を貯めよう！　っていうのがＦＩＲＥで、**社会が何もやってくれないからまず社会を変えなきゃ！　っていうのが運動で、で、それに対して、私らが言ってることは、その間で落っこちちゃっている選択肢の提示ですよね。**お金や社会だけに頼らなくても自分で自分を変えることができるし、自分で自分を幸せにできるっていうことですよね。**「お金」でも「社会」でもない「自分」の開拓。その意味ではまったくもって自己責任論そのものです。**

大原　その視点、すごく大事ですよね。「自己責任とは、自分を開拓していくことだ」というふうにポジティブに上書きできれば、「自己責任」という言葉のネガティブなイメージを払拭できそうです。で、僕の本もたぶん、大きい声では言ってないけど自己責任論だと自分では思っています。

僕がこれまで本に書いてきたのは、目の前に生きづらさがあったときに、個人の問題としてそれをとらえ、解決してきたという記録なんですね。それは、自分の感覚を信じると言えば聞こえがいいんですけど、たまたま自力に恵まれていたから出来たことでもあるんですよ。で、このタイプの人は、自力で創意工夫して解決できちゃうから、相対化する努力をしなくなる、つまり自己責任一辺倒になる危険性が高いとも思っていて、そこはいつも注意しているんです。

でも、これを個人的な問題ととらえずに、社会的な問題として相対化したらどうなるか。僕が都心で毎日働いているのに生活が苦しかったのは、個人の能力の問題ではなくて、たとえば家賃が高すぎるとか、そもそも給料が低すぎるとか、社会の構造の方に問題があるとも言えるわけですよ。

だから、何か問題があったときに、**自分の力で出来るところもあるけど、公助とか共助、つまり他力に頼って解決してもいいはずなんです。さっきも言ったけど、大事なのは、あなたの生きづらさが軽減することなんだから、方法はたくさんあった方がいい。**だから、もちろん自己責任は大事だけど、自己責任論に偏って炎上しているとき、いつも「バランス悪いな～」と思っています。

稲垣　なるほど。そう言われてみると、私は自力に恵まれているってことに無自覚だったかもと思いました。気をつけなきゃいけないですね。バランス。**本当に人って自分も社会も両方**

大事で、自分の力だけで生きている人はいない。この「両方」ってことが大事なんだけど、普通に忘れがち。

他力の大切さってことで言うと、私が最近気になっているのは、自己責任論を言う人も、自己責任論者を批判する人も、税金に対して否定的じゃないですか。増税は悪ってことが当たり前になっている。でも基本に立ち返れば、みんなで助け合ってみんなの街を良くしようっていう支え合いのシステムが税金ですよね。なのに、国や自治体まで政策誘導のために「税金がお得です」みたいなことを言ってくる。周りが幸せになって、初めて自分も幸せになるっていう大前提がすごく忘れられがちになっている気がします。

一方で自力もすごく大事で、私がそれを自覚するようになったのは阪神・淡路大震災のとき。新聞記者だったのでよく仮設住宅に取材に行ってたんです。そうしたら被災者の人たちが、私が帰るときに「これ、あんた持って帰りなさい」って、支援物資のお菓子とかジュースを必ずくれるんですよ。もちろん、「いやいや、これはみなさんのためのものですから、とてももらえないです」って断っていたんですけど、ある日ふと「この人たちは、もらってばっかりいるのが嫌なんだ」と気づいたんですね。

大原 あ、わかります。

稲垣 もらうばかりじゃなくて、自分も人にあげるっていう行為が、バランスとして絶対必要なんだって思ったんです。それからは「わーありがとうございます！」って持って帰ってくるようになった。

大原 僕も台湾で、道ばたで「THE BIG ISSUE」を売ってるホームレスの人に食べ物とかをあげると、必ず雑誌を1部くれるんですよ。最初は「そういうつもりじゃないので」って断ってたんですけど、あれってたぶん、**もらってばかりだと自尊心を保つのが難しいんですよね。**だから「THE BIG ISSUE」を売っているんです。**自分だって誰かに価値を提供できる存在なんだって思えることが、彼らにとってどんなに大切か。**それに気がついてからは、こちらもありがたく受け取ることにしました。

稲垣 **状況や年齢によって、助けてもらう部分がポートフォリオの中で大きくなったり小さくなったりするだけで、やっぱり両方必要なんですよ。**自力で出来ることが何もなくて、他人に全部やってもらうのは決して幸せじゃない。

大原 地下鉄でカートを持ち運んでいたおばあちゃんが、僕にお菓子をくれようとするのも同じことですよね。

稲垣 そう。やってもらってありがとう、だけじゃなくて、お礼を差し出すのが自分にとってすごく大事なことなんですよね。だから本当に両方必要なんだと思います。**「社会が悪い」って主張する人をけなすのもおかしいし、「社会が悪い」って言う方が正しくて「自分で何**

とか出来るよね」ってことを言っちゃいけない空気も違うと思う。両方やっていこうってのが理想。

大原 この話が誤解されず正しく伝わるといいと思います。

工夫は楽しいはずなのに

稲垣 で、ここで改めて貧困ということについて話を伺いたいんですけど、例えば年収90万円でやっていくなんて、きっと生活保護を申請したら通りますよね。

大原 いけると思います。

稲垣 それを拒否するとかじゃなくて、結局、自分で幸せになる方法を見出すことが面白いというか、その方がハッピーだから申請する必要がない。

大原 そうそう。私がやってるからって人に押しつけようとは思わないですけど、あまりにもお金と幸せを直結させてくる社会に対しては、「ざまあみろ」「おまえら金でしか解決できないと思ってんだろ」みたいなところもあって。自分はこんなにお金が無くても楽しくやっているぞ、と。以前、新幹線で焼身自殺した高齢者の男性がいましたよね。「生活保護の金額じゃ生きていけない」と言って、灯油をかぶった人。

稲垣　いましたね。

大原　その人が月いくらもらってたか調べたら、14万円だったんですよ。

稲垣　そうだったんですね。

大原　びっくらこいて。あと、年金でやっていけない特集みたいなのをニュースでやっていると、高齢者の人が「家賃30万、毎月払っていて……」「バブル時代の生活を変えられなくて……」って、そりゃやっていけないよ！

まあそれは極端な例ですけど、でも同時に私はこの話を、「低所得者vs生活保護者」みたいな分断の構図にしたくないんです。たぶん、前述の人たちは公助、その中でもとくにお金に頼っていた部分がポートフォリオの中でかなり大きかったと思うんですね。それだけだとリスキーですよ、と。**思い詰める前に、自力でこんなふうに工夫する方法もありますよ！　しかもクリエイティブで楽しくて、自分に自信がつくというオマケつきですよ！**　って伝えたい。なんとかして、ネガティブなイメージしかないことを、ポジティブに転換していけないかな、と。

稲垣　なるほど。確かにみんな、本当は工夫できるし、工夫は楽しいことなのに、そこに行き着く前にお金の話で止まっちゃうのがもったいない。多い、少ない、足りてる、足りてないの堂々巡り。お金以外にも視野を広げたら本当にもっと自由なのに。

扁理さんの年収90万円だって、自己責任だから出来ることですよね。そこに誰かが入ってきて「いやいや、あなたは生活保護レベルだから受け取ってくださいよ」って言われたら……。

大原 よけいなお世話！　って思います。それは、**僕は自分が貧困かどうかを、他人に勝手に決めさせないことを大事にしてるので。**

稲垣 生活保護で生きていくこともひとつの正しい選択で、でもそうしないこともひとつの正しい選択ですよね。そこで「自分で責任持ってやっていることなので、干渉しないでください」って言えるのが扁理さんの強みじゃないですか。

大原 でも、世の中は「年収90万円の人は貧困です」って洗脳をいつもしようとしてくるから、それを（ボクシングのスパーリングの動作をしながら）バン！　バン！　バン！　ってやっているんです。

稲垣 「貧困をなくそう」っていう大きな目標の上で貧困というものを定義して、こういう状況を改善しましょうってことはすごく大事だけど、それだけじゃ足りない気がするんです。

大原 そこで、さっきの美学の話に戻りますけど、**困っている人がいたら助けつつも、「弱者を救済する」っていう大きな正義には加担しないことで、僕は自分で自分に「いいね！」が出来ているんです。**たぶん稲垣さんもそうだと思うんですけど、そこで「自分は大丈夫だな」と思えているところがあります。だから、正義で自分を補強しなきゃいけない人って、たぶんどこかで自分に自信が無いんじゃないかな。というのは、個人的な経験なんですが、自分が弱っているときって、正しいことがものすごく魅力的に見えてくるんですよ。だから大きな正義に自分を預けてしまいたくなったとき、僕はまずちゃんと休むことにしているんです。

稲垣 そうね。でも人にはやっぱり生きる上で頼るものが必要で、正義を自分の中に持っていることが悪いとは言い切れないんじゃないかな。でも確かに正義で自分の弱さをごまかそうとするのは気をつけた方がいいと、今のお話を聞いて思いました。そこで、**自分に自信をつけるためには、何度も言うけどやっぱり家事だと思うんです。**

大原 本当にそう。**自分の中に眠っている財産を思い出すこと。**

稲垣 これもヨガの本に書いてあったんですけど、家は古かろうが狭かろうが何でもいい。そこをきちんと掃除して、清潔に保つことができれば、それがあなたの宮殿ですと。今はそのとおりだと思うんですけど、会社員時代は「四畳半のアパートで宮殿って、さすがに無理でしょ」と思っていた。でも、今は自分で無理なく毎日掃除ができる四畳半こそ確かに宮殿だと思う。逆にデカい家だと整えられないから。

大原 **ヨガって自己責任の哲学**だったんですね。

稲垣 **まさに年収90万円で幸せに暮らす方法が書いてある、とも言えます。**他人に親切に出来る心と、自己節制。健康に良い質素なごはんを適量食べて、ちゃんと掃除をして、清潔な衣類を着て暮らしましょう。それ以上に何の幸せが必要ですか？　ってことが書いてある。

そう考えると、これから先、私も歳を取るから、さらに簡単に掃除ができる、何もない方丈庵みたいなところに住みたい。あと古い家の方が、私みたいにエアコンを使わず暮らす人にとっては住みやすいんです。だから今より古くて狭いところに引っ越せばいいやと思っているので、家賃も下がるし不安がない。

大原 自分がどこに住んでいても、何をしていても、その場所で幸せになる心のあり方がある。

稲垣 そう。**臨機応変、その場に応じて自分の幸せを構築できる力**を持っているかどうかですよね。だから私にとって、**一番が家事、二番は人間関係。助け合える人を周りに作っていく。このふたつさえあれば、あとは全部オプションです。あっても無くてもどっちでもいい。**

大原 はい、ＦＩＲＥの一丁上がり。

節税はしない

大原 でも、稲垣さんもそうだと思いますけど、僕はＦＩＲＥ本を書いている人たちと対立した

いわけじゃなくて。

稲垣　うん。

大原　何なら巻き込みたいし、機会があればFIRE本の著者とトークイベントをしたいくらいです。そこで話したいのが、余ったお金の使い方。みんな絶対知りたいと思うんですよね。だって、どのFIRE本を読んでも「お金の使い方」のページ数の少なさ。

稲垣　お金って「あれば何とでもなる」ってみんな思い込んでいて、使い方には案外無関心。

大原　そうそう。**お金を使うにはクリエイティビティが必要で、そこが難しいんじゃないかと。だって、「お金を貯める力」の話ばっかりなんです。**

稲垣　お金を貯める力って何?

大原　節税とか、保険の見直しとか。

稲垣　あ、さっきも言ったけど、節税っておかしくないですか? 私、節税はしていないです。正しく税金を払うことは大切だと思っているんで。

大原　僕もけっこう誤解されがちですけど、決められた税金は払います。「お前は所得が低いから払わなくてもよし」って言われたときは払わない、ってだけで。

稲垣　**余分な税金を払いたいわけじゃないけど、税金を払うことが損だとは思っていない。**

大原　節税、保険の見直し以外は「お金を増やす力」について、つまり投資の話ばっかり。そう言えば、言うの忘れていたんですけど、僕、投資信託をやったことあるんです。

稲垣 私も投資信託、やってますよ。

大原 あ、そうですか。その投資信託は別に稼ぎたいとかじゃなくて、株とか投資にとやかく言うなら、1回自分でやってみないと、と思って。それで投資の本を10冊ぐらい読んで、自分に何が合ってるか探して、おそらく投資信託だな、と。

稲垣 だいぶ勉強したんですね。

大原 ドルコスト平均法のインデックスファンドの投資信託をやってみたんです。で、結果としては、その本を読んでいる時間とか、投資信託のことを考えてる時間の心が死んでいく感じに耐えられなくて、すぐに止めちゃいました。だって、全然楽しくない。

でも僕のTwitter（現・X）をフォローしてくれる人、投資やっている人が本当に多いんです。投資に関しては、僕をフォローしても何の役にも立たないのに。

稲垣 なんでなんですかね？

大原 投資家みたいな人が僕の本を紹介してくれるから、何かの役に立つんじゃないかと思ってフォローしてくれていると思うんです。あと、支出の減らし方を参考にしてくれているみたいですね。そういう人たちが、Twitterで投資の報告をし合っているじゃないですか。それから、電車の車内とかカフェ行くと、パソコンでチャートとかチェックしていて、あれめっちゃ楽しそう。

稲垣　えー楽しくないよ。

大原　いや、僕も楽しくないんですけど、本人たちは楽しそうなんです。今日こんな株買いました、どうなりました？　みたいな。

稲垣　報告しあってるから「やってる感」があって、楽しそうに見えるだけなんじゃない？　私だったら数字に一喜一憂して心が休まる時がなくなって、安心したくて投資してるのに不安で人生が塗り潰されるというまったくの本末転倒になるな、絶対。

私の場合は投資信託と言っても単に機械的に積み立てているだけです。勝間和代さんの『お金は銀行に預けるな』という新書をサラリーマン時代に読んで「なるほど！」と思ったのが始まり。何が良いと思ったかというと、**儲かるとかどうとか以前に、銀行にお金を預けるのは無責任じゃないか**という彼女の意見にナルホドと思ったんです。銀行が預けたお金をどう運用しているかはブラックボックスで、もしかすると自分が望まないところにそのお金が使われているかもしれないのに、それを知ろうともしないのはどうなのかと。で、この本で、今やっている、いわゆる「ほったらかし投資」のことを初めて知ったんですよ。わかります？

大原　わかります。アクティブじゃない方ですね。投資にもいろいろあって、アクティブ投資はリスクをとって積極的に売り買いすることで、市場を上回るリターンを目指すやり方。ハイリスクだけどハイリターンが狙える。ほったらかし投資っていうのは、その逆ですね。

複利の力

稲垣 上がったり下がったりが、どの株をどれだけ買えば勝てるみたいな人為的なものではなくて、市場の動きそのものと連動する投資です。これの良いところは、手数料がほとんどかからないことと、何が儲かるかと頭を悩ませたり、上がったとか下がったとかで一喜一憂する時間もエネルギーもまったく使わずに、ただただ機械的に積み立てていけば良いということで。要するに、普通預金にほったらかしにしていたお金を投資に移していくだけ。でも、そうやって投資信託を始めた直後にリーマンショックが来たんです。

大原 あのときですか。

稲垣 もう真っ赤。どこまで下がんの？　みたいな。でもまあ、どうすることも出来ないんで、仕方がないからそのままずーっと機械的に積立を続けて、不安になるのも嫌だからチェックもしなくなって、そのうち投資してることもほとんど忘れていて。で、気付いたらリーマンショックが終わってアベノミクスが来ていて、久しぶりにチェックしてみたら今度はものすごく上がっていた。そのとき学んだのは、何が起きるかなんて少なくとも自分にはまったくわからないんだから、儲かるとか儲からないとか考えても無駄なんだってことです。でもね、何も考えずただ機械的に積み立てていくだけで、長期的にはそれでもかなり増えていくんですよね。それは複利だからっていうんだけど、結局のところ複利って何なのか、どうも腹落ちしていないところがあって、増えていくってことが今もどうにも不思議なんです。

大原 複利の力ってすごいんですよね。

稲垣 そうらしいんですよ。

大原 理屈としてはわかるんですけど、ただ僕ね、お金の視点に立った場合、お金が投資に使われることをどう思っているかがわかんなくて。**投資をする人はよく、「お金を働かせる」っていう言い方をするんです。僕がお金だったら、「あなた何様ですか?」って思ってしまう。**この疑問がちょっと未解決なんですよね。

稲垣 その答えになるかどうかはわからないんですけど、私がこの投資を通じて学んだことはふたつあります。まず、私は勝間さんが勧めるとおり、リスクを分散して日本と世界の株式と債券にまんべんなくお金を積み立てているんですけど、それって結局、世界にまんべんなく投資しているってことですよね。ってことは**つまり、世界が良くなれば私も良くなる。**

世界が落ちれば私も落ちる。世界の人の浮き沈みと共に私は生きている。そう思うと、自分に出来ることって、世界が良くなるように自分に出来ることをやるしかない……という、ほぼ神様みたいなことになるわけでそうなると精神が落ち着くというか、非常に人間が大きくなる（笑）。それを考えると、無責任に預金をして自分の預金残高が増えることだけを考えていた時よりも、自分自身はすごくいい感じの精神状態になれたことは間違いない。

あと、これは勝間さんの指摘の繰り返しになりますけれど、銀行に預けていても、そのお金は誰かが運用しているわけじゃないですか。そういう意味では、自分は直接手を下していなくても、間接的に「何様」になってしまっているわけです。

大原 年金だって同じですもんね。余剰金を株式で運用してるから。

稲垣 そうなんですよ。運用を自分がやるか他人がやるかの違いだけ。だから私が思うのは、投資を「お金を働かせて儲けてやろう」と思ってやるのか、そうじゃないのかってことがポイントなんじゃないかと思うんです。お金を働かせて自分は楽して儲けようっていうのは、労働者を搾取して金儲けしようとする資本家と同じで、そんなふうに搾取されるお金は絶対に喜んでる感じはしない。でも私は自分で投資をしてみて、自分だけ勝ち上がろうとか思う必要はないし、そもそも思っても無駄とわかったことで、「お金に働いてもらう」っていうことの持つ意味が変わったんですよね。

これまで話してきた人間の労働の話と同じで、「働いてもらう」っていうのはお金を稼いでもらうっていうことじゃない。誰かの役に立つとか、誰かを喜ばせるとか、人と人をつなげるとか、そういうことのためにお金に活躍してもらうために投資するんだったら、お金はたぶん喜んでるんじゃないかと思うんです。もちろんお金を使うのは人間だから間違いもたくさんやらかすと思うんですけど、そもそも自分だって間違いをやらかすわけだから、長い目で人類全体を信じて、少なくとも自分ひとりで貯め込むことなく誰かに使ってもらった方がいい。そう思うと増えた減ったで一喜一憂することもない。なのに結果的に気がついたら増えているという……。でも、もはやそこもどうでもいいわけで、**その増えたお金はまたどこかに流していくだけ。あ、そう考えると投資と寄付はほとんど同じことのような気もしますね。**

でも投資を「お金を増やすための手段」っていう狭い話にした途端、結局は損することが増える気がする。だって、増えた減ったで一喜一憂したところで増えるわけでもないのに、「増やす」を目標にしたらどうしても気になっちゃうじゃないですか。お金のこと考える時間って、本当に無駄なんですよ。上がったら嬉しい、下がったら落ち込む。それが一番無駄。

大原　感情がもったいない。

稲垣　そうなんですよ。それが一番もったいない。

大原　今の説明、すごくわかりやすくて、なぜ自分が投資に興味を持てなかったのかがクリアになった気がします。投資本は、目標設定としてわかりやすいニンジンをぶらさげるわけです。「投資をすれば、これだけお得ですよ！　そうすればハッピーになれますよ！」って。だからみんな、そのニンジンに飛びつくんですけど、僕ひとりだけ「なんで得しなきゃいけないの？　だってもうハッピーになってるし」っていう。

でも、**自分が得することには興味がないけれど、儲けることが目的じゃなくて、世界の役に立つようにお金に活躍してもらうこともできる。**お金は自分ひとりが儲かるための道具じゃなくて、この世界をもっと良くするために使える資源なんだと思ったら、がぜん投資に興味が出てきました。

7

「投資」は必要か

大原 あとは、投資本ではこれがめっちゃ良い本でした。『くそつまらない未来を変えられるかもしれない投資の話』(ヤマザキOKコンピュータ)。

稲垣 それはFIRE本?

大原 FIREとは言っていなくて、投資の本なんですけど、結果的にはFIREしているな、っていう著者が書いた本です。今までFIRE本を読んできて、FIREしたくなる気持ちには共感できるんですけど、その方法が投資一択ってところには共感できなかった。

でも、この本の著者のヤマザキOKコンピュータさんは、なんで投資家になったかっていうと、この人、父親を早くに亡くしていて、シングルマザーの家庭で育っていて。お母さんが外で働いてるから、毎日のごはんが近所にあった「たきたてマック」っていうお弁当屋さんのお弁当だったんですって。それがすごく美味しくて、毎日毎日飽きもせず食べていた、と。で、高校生になったときに、みんなでつるんでファミレスに行くのが周囲で流行っていて、たきたてマックに行かなくなった。自分的には、つまんねぇファミレスだな、つまんねぇメシ食って、つまんねぇカネ払ってんな、と思いながら。それで、あるとき思うんです。「俺、たきたてマックに行きたい」って。で、行ってみたら閉店していたんです。

それで、ヤマザキOKコンピュータさんは**「つまんねぇつまんねぇって言っていたけど、**

この街をつまんなくしてきたのは自分なんじゃないか？」と思って、そこから投資が始まるんです。

稲垣　いや本当にそのとおりだと思います。まったく共感します。

このつまんない社会を変えるために

大原　これ、稲垣さんの話と同じですよね。僕も「めちゃくちゃわかる！」と思って。だからヤマザキOKコンピュータさんは、他のＦＩＲＥ本の著者みたいに、「何千万円貯めて、そのうちの何％を」みたいなことは一言も言ってなくて。**このつまんない社会を変えるために、余ってるお金があるなら投資してみないか？**っていう。

だから、この人、何に投資してるかというと、分散投資ももちろんやっているけど、ひとつずつ応援したい会社を選んで投資もしていて。

たとえば食品トレーのリサイクル会社があって。そこに投資することで、環境負荷を低減できるようになると。で、もうひとつは、そのリサイクル会社、障がい者の雇用率がすごく高いんですって。法律では２・５％（２０２４年４月現在）と決まっているんですけど、その５〜６倍の障がい者を常に雇用していて、「障がい者の人たちって、人によっては単純作業でものすごい集中力を発揮したりするんです」と言っていて。そこで、ヤマザキOKコンピュータさんは「あ、この会社なら応援したい」と思ったという。そうやって投資先を選んでいく。すごくいいなと思いました。

稲垣　それ、すごく素敵だと思うし、私もヤマザキOKコンピュータさんと発想は同じなんですけど、私自身は特定の投資先を選ぶことにちょっと躊躇していて。実際に特定の会社に投資しようとしたときに「ここは大丈夫」って思えるまでがものすごく大変だと思っているんです。

たとえば障がい者雇用も、すごく良いシステムを作り上げている人がいる一方で、補助金を掠め取るような儲かるシステムを商売にしている人もいる。かなり本気で調べないと、本当にその会社が良いことをしているかどうかがわからない。

お金を人に託すリスクがある。それはお金を失うリスクじゃなくて、善意のつもりが悪いことにつながってしまうリスク。あと、変にお金を渡してしまうことで、良い人がダメになっちゃったり。お金っていろんなことをやらかすから。

そう考えると、**今の私にとっていちばん理想的な投資って、近所のお豆腐屋さんで毎日豆腐を買うことなんです。自分ひとりが誰かに100万円を渡すんじゃなくて、100人のお客さんが毎日200円の豆腐を買うのが、いちばん間違いない。**

大原 本当にそう。僕が投資って言われても一歩踏み出せなかったのは、自分のお金がどう使われているのかを目の前で見られないからっていうのもあって。でも、ヤマザキＯＫコンピュータさんは、ちゃんと地域にお金を使う意義も説いていました。彼も毎日の買い物は商店街の個人店。つまり、自分が住みよいと思う街づくりのためにお金を使っているんです。

稲垣 うん、発想は私とまったく一緒ですね。

貯金よりは投資

稲垣 あとは自分の中の問題なんですけど、大きな会社に対する疑いを私はすごく持っていて……。

大原 大きな会社に長く勤めた人が言うと、実感がこもっていますね。

稲垣 いやいや念のため断っておくと、自分のいた会社のことを言っているわけではなくて、もうちょっと広い話なんです。大会社って、昔はそれこそ社員もお客も幸せにする存在だったと思うんですけど、今は本当にモノが売れないから、いつの間にか会社の存続が最優先ってことになりがちで、それはたくさんの社員の生活がかかってるから当然そうなるんですよ。でもそうなると、そのたくさんの社員の努力が妙な方向に集積して、いつの間にか結果的に人をうっすら脅したり騙したりしても利益を取るってことになってしまう可能性が少なくない。たとえば、すでに足りている人に「君はまだ足りていない」とか「あなたは本当は不幸なんです」みたいなことを言って購買させようとしたり。いやいやそれって霊感商法とどこが違うのかと。最近だと落とし穴に落とすみたいにサブスクの契約をさせて、テクノロジーに疎いお年寄りとかからお金を搾り取るとか。そういう現実を見ると、実態はかなりのレベルまで酷いことになっている気がしていて。後者についてはリアルに自分の問題でもあるので、かなり怒ってるんですよ私。法には触れてないかもしれないけど中身は詐欺じゃんって。確かに社員が食っていかなきゃいけないって大事なことだけど、社員が食っていくために客を食い物にする方向に、いつの間にかどんどん近づいているんじゃないかと思うことがよくあります。

それを含めて考えると、特定の会社に一気に投資するリスクが大きい気がしていて。だから、この社会が薄く悪いのは仕方がないというか、そこにはどこかで自分も加担してることも間違いないので、**この薄悪い社会の一員として、自分のところに貯めておくよりはみんなに薄〜く使っていただきながら、自分自身がその薄悪い社会を変えていく方向になんとか日々努力するしかないんじゃないかと。**そう考えたときに分散投資しか思いつかなかった。

大原 そうすると、いちばんの対策は「必要以上に稼がない」って結論に落ち着いちゃいますね。

稲垣 そうなのよ！ でも、そうなんだけど、稼ぐって、自分の力で稼いでるっていうよりも、いろんな話が来た結果であって。フリーランスってそうじゃないですか？ ひとつの仕事が別の話につながって、みたいな。縁で仕事が来るケースしかないから。そうなると、**ご縁でいただいた仕事はできる限り引き受けて、それでいただいたお金は自分のところに貯めないやり方**しかない。で、今は「寄付」を増やしている最中で。いずれにせよ、確かに「必要以上に稼いだお金をどうするか？」っていうのはなかなか面倒なことで。

大原 面倒くさいんですよ。僕がまだお金の悩みが少ないのは、そんなに稼いでないからなんだな、と思いました。

稲垣 来ちゃったお金をどうするかという責任。マネーロンダリングという、お金を良い方向に流して世の中を良くするやり方。そういう濾過装置としての自分。今はその方向でなんとか落ち着いているんですけどね。

大原 そこを悩んでいる人が少ないから、先行事例というかロールモデルがいないですね。

稲垣 でも、**マネーロンダリングって、実はいちばん現実的な「自分を幸せにする方法」だと思っています。**

「ワンランク上」の罠

稲垣 私、すごく好きな言葉があるんです。朝日新聞の大先輩で、天声人語を書いていた辰濃和男さんの『四国遍路』という名著があるんですけど。私が高松に赴任したとき、お遍路文化って全然知らなかったからその本を読んで。そうしたら昔の新聞記者って教養もあるし、自分の書く文章とは段違いなすごい内容で、本当に良い本だったんですね。

で、いろんなお遍路さんがいて、みんな多くは語らないんだけど、いろいろあった、大変なことに見舞われた人が多いんです。で、辰濃さんがその中のひとりに**「みんなが良くなれば自分も良くなるんだから」**と言われたという。それが衝撃的な言葉として紹介されていたんですけど、私もその言葉にめちゃくちゃ影響を受けました。

今の世界って、他人よりも良い服を着るとか、他人よりもいいもん食うとか、他人よりも広い家に住むとか、それがなんとなく「良い」とされているじゃないですか。私もずっとそう思ってきて、要は「ワンランク上」っていうやつです。ワンランク上こそ自分の目指すものなんだと当たり前に思ってきた。でも、よく考えたら「他人よりも自分が良くなる」ことの究極って、自分がめっちゃでっかいお城に住んでいて、周りがスラムみたいなことじゃないですか。それが究極の幸せってことになる。でも、それ、どう考えても危険でしょうがない。

大原 おちおち寝てらんないですね。

稲垣 そうでしょう？　幸・不幸以前に、ほんと危険じゃないですか。で、そう思ったときに、全員が良くなっていけば、みんなニコニコしていて、他人に襲われることもないし、嫉妬しあったりする必要もない。そう考えると、確かに「他人が良くなれば自分も良くなる」って超現実的じゃん！　と思ったんです。で、会社を辞めてからもその言葉が自分の基本的な支えになっているんですね。

私がお金に関して考えているのは、**自分のために使うお金も必要。でも、他人のために使うお金も必要。このふたつがあって初めて、自分が幸せになれるんじゃないかと。**だから、さっきの話で言うと、投資も寄付も他人のために使うお金なわけですが、忘れちゃいけないのが前にも言いましたけど「税金」だと私は思っていて。税金って完全なシステムじゃないけど、税金を払うことで、いろいろ困っている人が広く救われることは事実だしすごく重要だと思います。高齢者や障害者を支えたり、教育負担を減らしたり、よく考えたら誰だって人生のどこかで税金に助けられてるわけですよね。それこそコロナの時だってどれほどの人が税金に助けられたか。でも自分のために使うお金だけが大事、自分のために使うお金は多ければ多いほどいい、ってみんな思ってるじゃないですか。税金なんて1円でも払いたくない、みたいな。本来はそうじゃないと思うんですよね。

大原 それを信じるためにはどうしたらいいかっていう話なんですけど。みんな、他人のために使うお金（税金）が他人のためになっていると信じられないから、ガッツリ自分のところに貯め込もうとしているんですかね。

稲垣 他人のためになっていることは薄々わかっているんじゃないかな？　でも、それが損だと思っているというか、なぜ自分の金を何もしてないやつらが使うのか？　みたいな。

大原 損得かぁ。

稲垣 うん。でも答えはたぶんひとつで、自分が今みたいな考え方が出来るようになったのは、私が満ち足りているからですよ。そこでみんな「そりゃ稲垣さんは昔は高い給料をもらっていて、今だってそこそこ稼いでるんだから、満ち足りているんでしょう」って言うんですけど、そうじゃなくて、**私はお金を使わなくても幸せになれる方法をいっぱい知ってるから満ち足りているんです。**だから、これを私じゃなくて扁理さんが言ってくれると、みんな「なるほど……」って納得してくれると思う。

大原 たしかに（笑）。

稲垣 きっと聞く耳を持ってくれる。扁理さんと私はやっていることが同じで、ふたりとも幸せをお金に頼っていないので、お金が自分のところにたくさんなくても幸せだと思っている。つまり、**人生いろいろ浮き沈みあっても、いつも相当満ち足りている人。お金を稼ぐ／稼がないに関係なく、自分自身が満たされているので、他人に対して「あいつが得しやがって」とか思う必要がなくなった**んですよね。

大原 うん、僕も満ち足りています。

稲垣 で、それはお金がたくさんあるからじゃなくて、無いときでもそれ以下の位置に幸せのハードルがあるからですよね。どんなに沈んでも「いや、全然余っているんですけど」ってなるから余裕なんです。

大原 稲垣さんは「お金持ってるから」ってみんなに言われるじゃないですか。僕が言われるのは「あの人は文才があるから」。いや、文才は隠居生活と関係ない（笑）。僕はたまたま本を書くようになったけど、それが無かったとしても普通に介護の仕事を続けて隠居はしていたし。本が出ても出てなくても生活は変わらないんですよ。

稲垣 「印税は使わない」っておっしゃってましたよね。印税はどうしてるんですか？

大原 ひとつは本の仕事関係の出費に積極的に使います。資料の本や執筆グッズを買ったり、カフェ等で仕事をするとき。あとはこうした対談や、メディア出演のために上京する時の交通費・宿泊費。そもそも本の仕事をしていなかったら発生していない出費なので、それは当然、印税から出すことになります。

ふたつ目は税金・年金です。これも、本の仕事をしてなかったら収入が低すぎてほぼ発生していない出費なので。ここ数年は印税が余っているんで、免除時期の年金もどんどん追納していますね。

残りは、人に渡すお土産やプレゼント。上京時の手土産とか誕生日プレゼント、赤ちゃんがいる友人におむつを送ったり、宝くじを買うのに使ったり。寄付もします。

この分野は、とくにコロナ禍のときにたくさん出しました。というのも、**僕はお金を使うときにお金の気持ちになって考える**、っていう話を何度かしてますけど、同じ1万円を使うなら、世の中にお金が有り余ってるときよりも、お金が必要とされてるのに出回ってないときに使った方が、価値が爆上がりして超喜ばれるじゃないですか。その方がお金も嬉しいはず。だから、この貯め込んだ印税を今使わないでいつ使うんだ！ という感じで使いました。

身近なところでは、友人たちが仕事が出来なくなったので、たとえばミュージシャンなら応援するためにCDを買ったり、パン屋さんなら通販でパン買うとか。でも、自分の胃袋だけだと限界があるじゃないですか。だったら他人の胃袋も満たせば良いと思って（笑）。お世話になった人たちにパンやシュトーレンを定期的に贈る、っていうのをやっていました。平常時ならこんなに喜ばれるか？　っていうくらい喜ばれて、すごく楽しかった。

稲垣　あ、それ私もよくやります。好きなお店や農家の友達から買いたいんだけど、自分ひとりじゃ消費しきれないから、ハコ買いしたみかんとかを近所の人や友達にせっせと配る。自分が満ち足りてるから他人のために使うしかないんですよね。

大原　そうです。考えてみたら、臨時収入があるからといって自分のためだけのことにはほとんど使ってないですね。やっぱり、**このお金は自分のやってることを面白がってくれる人が出してくれたお金なので、良い形で社会に還元する責任があると思ってます。**

稲垣　うん。そこはまったく同じですね。でも、それだけだと余らない？

大原　余るんですよ。実はコロナ禍以降、収入源だったトラベルライターの仕事がゼロになったので、印税以外の貯金が尽きてからは生活費にも回してるんですけど、そもそもそんなに使わないから、それでも余る。

稲垣　それをどうするかが問題ですね。私の悩みと一緒。

大原　僕もずっと悩んでいるんです。稲垣さんとは桁が違いますけど（笑）。

稲垣　あのね、桁の問題じゃないんです。桁の問題にするんだったら、私だってビル・ゲイツほどは持っていない（笑）。

大原 ビル・ゲイツも絶対そこで悩んでますよね。**余ったお金の使い方は答えがないから、これからも探し続けていくんだろうな、**と思います。

ペットボトルの水買わなきゃいけない強迫観念

稲垣 でも、これ、究極の悩みですよね。みんな、お金と幸せって比例すると思っているじゃないですか。で、たぶん扁理さんも私も「お金があってもなあ……」みたいな。今、たとえば、ドーンって宝くじが当たったとして、何か生活変えますか？

大原 変えないですよ。絶対変えない。

稲垣 そこなんですよ。そこが強いっていうか。変えるわけないし、変えたって良いことがない。お金を使ってやりたいことなんて、そんなに思い浮かばない。

大原 僕、隠居してから、街に出て**「この世界に買いたいものがない」って思ったんです。だって欲しいものは、買わなくても自分の手で作り出せることを知っているから。お金で買える幸せじゃなくて、幸せをD.I.Y.している自信がある。**

稲垣 隠居する前は買い物してました？

大原 隠居する前は余裕が無かったですね。必要な出費は仕方がなく払っていました。家賃とか。

自分では選べない支払いがすごく大きかった。実家にいた頃は、まあ普通にタワレコでCDとか買ってました。古着とかも。あとは旅行ぐらいで……やっぱりそんなにお金使っていない。
　だから逆に、みんな何にお金を使うんですかね?

稲垣　私も使わない度合いがどんどんひどくなっていって。それこそ今使うのは、近所でずっとやっている小さなお店、米屋と八百屋と豆腐屋くらい。あと近所に大好きな町中華と蕎麦屋とバーと居酒屋があるので、ときどき表敬訪問するぐらい。あ、カフェ代は使ってますけど、これは原稿料をいただいている分を充てているってことは前にお話ししましたよね。それ以外は、ご馳走を食べるとか、服や化粧品を買うとかは全然無い。

大原　でも、夢を見せないと本が売れないから、FIRE本はそういうふうに見えるようにラッピングされているだけなのかもしれないですね。現実って超地味だけど。

稲垣　私はお金を持っていた時代があるし、扁理さんはお金を持っていた時代はそんなにない。で、それぞれ別の過程を経て、自分が本当にやりたいことを見つけたときに、結局ふたりとも「お金って何だったんだ?」みたいな結論になっているって、すごくないですか?

大原　すごい。**そこにたどり着くために、お金のあるなしは関係なかったってことになる。**

稲垣　私は我慢してお金を使っていないわけじゃなくて、自分のためだけにお金を使う行為自体がもう、相当につまらないことなんです。買わなくても作れたじゃん、無くても出来たじゃん、みたいな方がずーっと面白い。

大原 人からもらえたじゃん、とか。

稲垣 そうそう。で、その方が自分の中ではよっぽど高級なことなので。たとえばコンビニで水、買わないし。だって水道の水飲めばいいじゃんって。別に節約しているとかじゃなくて、それも自分で出来ることのひとつですよね。何かが無ければ生きていけない、じゃなくて、無くてもやっていける、という自由。

大原 ペットボトルの水買わなきゃいけない強迫観念、すごいですよね。

稲垣 みんなしょっちゅうコンビニ行くじゃないですか。

大原 僕、今回の東京滞在ではホテルに泊まっていますけど、普通に水道水を飲んでますよ。なんでペットボトルの水なんか買わなきゃいけないのかな。みんな「そんな小さなこと」って思ってるかもしれないけど、お金に囚われるしんどさってそんな小さなことから始まってるんですよ。

稲垣 お菓子とかも。人からいただいたものは食べますけど、基本そんなに買わない。

大原 チョコレートとかは自分で作れないんでね。

稲垣 そのへんになっている枇杷とかは、採って食べてます。それは別に節約しているんじゃなくて、そっちの方が面白いし、**買わなくてもやっていけるってことが、「お金がなきゃ不幸」っていう現代社会に対する反抗と思うと、それだけでワクワクする。「ふん、こちらが勝利！ 日々ヴィクトリー！」**みたいな。鎖につながれて生きてきた過去の自分を思うと、そこに戻りたいとはやっぱり思えないんですよね。

ワンランク上 vs ワンランク下

大原 落差が大きければ大きいほど、「あんなに働いて稼いできたのは何だったんだ？」と思うかもしれないですね。僕は早々にドロップアウトしたんで、その差が少ないような……いや、そうでもないか。

お金の問題じゃないかもしれないけど、前に、なぜ節約好きの人は節約から抜け出せないのか？ って話をしましたよね。ムリして嫌々節約してる人って結局、節約したことで自分の通帳にいくら貯まったか、しか見てないと思うんですけど、僕は別にお金はもういいんですよ。**お金よりも、自分の能力の貯蓄がどれくらい貯まっていくかの方が楽しみで。この楽しみって、お金では買えない。**だって自分の能力って、お金と違って、使っても使っても減らないどころか、使えば使うほど鍛えられて増えていくじゃないですか。しかも盗まれることもない。それって、安全かつ最強の貯蓄ですよ。

稲垣 そうそう。

大原 この楽しみとただの節約を秤にかけたとき、圧倒的に前者の方が上なんです。みんなこれやってみたらいいのになーって思います。

稲垣 お金の貯蓄って、額は増えても心の不安が減ることは無くて、むしろ不安が強化されていってしまう。私も会社に勤めていたとき、年功序列が続いていた時代だったから、大した実力がなくても給料がどんどん上がっていくんです。そうすると、生活の基準もそれに連れて上がっていく。家賃の高いところに住むとか、前は手が出なかった服を買うとか、グリーン車に乗ってみたりとかするわけです。そうすると、それが失われる恐怖に取りつかれてきて、つま先立ちになって金を稼いでいる、みたいな状態になるんです。仕事で傷ついたり、理不尽なことがあっても、ここから下りられない。だって、**ここから下りたら終わりで、「ワンランク上の自分」というアイデンティティがガラガラ崩れるわけじゃないですか。**そしたら、私って何？　これじゃあ一生ずっとつま先立ち？　絶対足攣るよ！　みたいな。そういう恐怖って本当に地獄だなと。だから、そこから抜け出せたことの快感と安心感は本当に大きかったんです。

大原 きっと、ものすごく解放感がありますよね。

稲垣　うん。破壊的解放感でしたね。
本当はワンランク上じゃなくて、ワンランク下でもめっちゃ楽しめる人の方が、絶対すごいんですよ。だって、すごく良いホテルに泊まって豪華な旅をしている人よりも、めっちゃ安宿でハッピーに周囲と仲良くしている人の方が、どう考えてもカッコいいじゃないですか。お金の力で高級ホテルに泊まって、素敵なレストラン行って、恭しく店員に頭を下げられて、そんなのお金さえあれば誰でも出来る。でも、そのへんの安宿で楽しく過ごせるって、誰もが出来ることではないですよね。

大原　本当にそう。**だから生きていく能力／技術が、お金を稼ぐってところから脱却できていない。結局、生きていく能力を何のために培っているかと言うと、選択肢を「お金」一択に絞るためじゃなくて、お金が無くてもどうにでも生きていける、という選択肢を持つこと。**それが生きていく技術のはずなのに、みんなお金のことばっかり考えているから、それだと自分で自分を苦しくしているだけだよって……そこを抜け出した地点から見るとそう見えるけど、過去の自分を振り返っても、やっぱり渦中にいるとわかんないのかもしれない。

稲垣　それがお金のパワーであり、怖さなんだと思います。

欲しいのはお米じゃなかった

稲垣 今日たまたま新聞を読んでたら、自治体がいわゆる物価高対策で、生活困窮者にお米を配ったらしいんです。たしか25kgだったかな。そしたらそれがメルカリで売られていたという。

大原 米が？

稲垣 所得制限があるし、本当に困っている人しかもらえないはずなんですけど、困っていても欲しいのはお米じゃなかったということですよね。**お米をメルカリで売って、現金を得て、別のものが欲しい。**で、これって他人事じゃなくて、今の世の中で誰もが陥りがちなことだと思ったんです。

だって、米25kgあったら、かなりの期間食べていけるんじゃないかな。でも、そこで「やった！　これで自由に生きられるぜ！」とは思わない。しかも米って今決して高くないから、メルカリで売れてもたぶん大した額にならないんですよ。

大原 そのお金を何に使うんですかね。そんなにまでして換金して買いたいものって……。

稲垣 いろいろ考えてしまいました。

大原　それが賢いやり方だと思っているんですかね。ワンランク上のライフハックだー！　って。

稲垣　おそらく、**生きていくことの軸が「食っていくこと」じゃないんだな**と思ったんです。でもそれって、案外多くの人がそうなんじゃないかと。

大原　欲しいのはお米じゃなかった。そして、それは別に、生きていくための必需品じゃなかった。

稲垣　食べるものに使うとしても、必要なのは米以外の何かだったのかもしれないですね。

大原　子どもが「マクドナルド行きたい」と言っているとか。でも、子どもたちはそうかもしれないけど……そこで、大人が「食っていく方法や生きていく方法って、それだけじゃないよ」って、なぜ教えないんだろう。あ、大人自身が知らないんですかね？　だって自分が若い頃、周りの大人は誰もそれを言ってくれなかった。学校教育から始まっていると思うけど、「進学しなきゃダメ」とか「就職しなきゃダメ」とか、こうじゃないと生きていけないぞ、ってことばかりで。でも、教育って願わくば「こうも生きていけるし、ああも生きていける。生きていく方法はいろいろあるよ！」であってほしいのに。

稲垣　そうですね。たぶん大人自身も知らないんだと思います。多様性が大切とか、学校は学校なりにやっていると思うんですけど、一番肝心な、生きていく上で最低限必要なことは何ですか？　という問いへの答えが「就職！　お金！」になっている気がする。今の私だと

「いや、そうじゃなくてまずは米でしょ」「家事の能力でしょ」と思うんだけど、学校でも社会でも、それが会社、つまり給料（お金）がもらえることしかないみたいに固定されちゃっている。高度経済成長時代ならそれでみんながそこそこ幸せになれたのかもしれないけど、今は会社だって苦しいし、みんな苦しくなっているときに選択肢がそれだけって思考停止というか、希望がなさすぎるじゃないですか。

将来が就活、起業、FIREの三択しかないと思ったら、相当苦しいですよね。

大原 三択って、いちおう多様性があるように見えるけど、ホントはお金の話一択ですからね。そこで就活を選択したとして、面接する方も、良い時代を知ってる人たちだった場合、自分の成功体験の押しつけを若い世代にしがちになりませんか？

稲垣 あ、私も面接官、何度もやったんで、そこは本当にそうですね。すごく厳しい会社だったので、自分も厳しくされて育つじゃないですか。だから、まずはどれだけ厳しさに耐えられるかを見ていた。

大原 軍隊みたいですね。

稲垣 どんな理不尽なことでもめげないかとか、寝ないでも仕事が出来そうかとか。そういう試練に、この人はどこまで耐える気力があるか。でもそれには理由があって、実際その耐性がないと厳しかったんです。本人も周りも。

大原 それでも給料が上がっていき、将来の保証があり、だったらまだわかるけど……。

稲垣 そうなんです。当時はまだ良い時代がかろうじて続いていて、ギリギリその保証があった。でも今はそうじゃないですよね。だからきっと面接も変わってきてると思うんですけど。いずれにしても、組織ってそういうところはありますよね。独特の価値観が支配していて、それがものすごく大きな圧になる。

大原 僕、今、ポッドキャストでZ世代の子たちの番組を聴くのが好きで。中には就活中の子もいて、全然決まんないと「自分がこの社会に必要ないのかと思ってきちゃう」とか言ってて。若い子たちにそんなことを思わせる社会って何!? っていう怒りが湧いてくるんですよ。

まず、自分で自分を必要とするのが大事なんだよ。そのために家事をして、さらにバイトを最低限週2回、それくらいならどこでも見つかるから大丈夫。そしたら年収90万円くらいは稼げるから、あなたは生きていける！ ……まあ、年収90万円じゃなくても、自分にとっての最低限でいいんだけど、これさえ出来ていれば最悪死にはしないよ！ ってことだけは若い人たちに伝えたい。大人として。

稲垣 でも……「死なないだけ」じゃイヤなんじゃないのかな？

大原 あ〜。

輝かなきゃいけない圧

稲垣 だって、昨日ラジオ聴いてたら、50歳女性の「自分のやりたいことが見つからず悩んでいます」という投稿が読まれていて、え？　と。その「やりたいこと圧」って何なんだーと。推し活とかもそうで、「推しがいない自分は不幸なんじゃないか」という悩みを聞いたこともある。なんかこう、輝いてなきゃいけない圧。

大原 いやもうこの厳しい時代を生きてるっていうだけで、みんな超エライですよ！　でも確かに今の社会って、**ただ生きてるだけじゃ許してもらえないみたいなプレッシャーがありますもんね。**だとしても、**評価軸が自分のところに無さすぎる**という感じがしますが。

稲垣 自分で自分を幸せにできる手段を持っていないと、評価軸を自分以外のところに持っていっちゃいがちで、だからそうなるんじゃないかなと。

大原 あ、もしかして、強固な自分を持ってると逆に生きにくいから、生存戦略として自分を持たないほうが楽に見えるっていうのもあるのかな。

稲垣 あと、話飛んじゃいますけど、さっきの、自分が社会に必要とされてないんじゃないか？とか、生きていても意味ないんじゃないか？　という話。そういう気持ちって確かにわからないわけじゃない。自分が食っていければそれでいいのかと言えば、動物じゃないんだから、たとえば誰かに必要とされたいとか、人に感謝されたいとか、そういう気持ちってあるじゃないですか。

私も会社辞めるとき、そこがいちばんの心配のしどころでした。いやもう、明日から何の予定も無いし、若くもないし、これからどうやって……と思ったんですけど。でも、前に扁理さんが言った、バイト週2日やって、自分で家事をちゃんとやって、って本当にそのとおりで。私は何はなくとも家事ができる自分に気づいて、これで十分幸せじゃん、これで大丈夫と思えたら、自然と周りに多少の気遣いをする余裕が出てきました。

大原 うんうん。

稲垣 そうしたら、別に社交的な人間じゃなかったのに、10回ぐらい同じ人とすれ違ったら、勇気を出して「こんにちは」って挨拶したりとか、自然にそういう気持ちが、どっから湧いてきた!? みたいな感じで。やっぱりそれは「自分、大丈夫」って自信がないと。自分は虐げられている、私なんてダメだと思っていたら、そういう気持ちって出てこないんですよね。

大原 あと、やっぱ、**お金を介さなくても誰かの役に立てることっていっぱいあるし。**

稲垣 そうなんですよ!

大原 今朝も渋谷駅で、朝9時半だったからほぼ満員なんですけど、ベビーカーのお母さんがいて。降りる駅が一緒だったから、「ベビーカー、持ちましょうか?」って言ったんですけど、誰も何も言わないの。どんどん電車を降りていって、え〜? みたいな。

稲垣 みんな急いでるんだよね。

大原 そう。でもギッチギチの社会に生まれた、私みたいな余白要員としては、それを見過ごせない。まあ断られましたけど。それは当然、断る自由もあることが大事なので、それでいいんですけどね。

稲垣 でもね、誰かが自分のことを見ててくれたとか、気にかけてくれたとか、それだけできっと嬉しいですよ。余白要員、大事!

大原 **あのお母さんが「いざとなったら声かけてくれる人がいるんだ」って今日一日、思って過ごすだけでだいぶ違う**と思うんです。

稲垣 本当そう。お金で人の役に立てることよりも、お金を介さずに人の役に立てることの方が案外ずっと多かったり。

大原 スマイル0円、みたいな。

稲垣 でも、笑顔でいることがそんなに簡単じゃないわけですよ。どんなお金持ちでも、自分が足りていなくて、まだまだ欲しいと思っていたら、すぐ近くに困っている人がいてもそもそも助けている余裕がない。ニコッと笑うことすら思いもよらないと思うんですよね。
でも本当は、むしろ余裕がない時ほど人を助けた方がいいんです。だって人を助けたら、どんな小さいことでも、ほぼ確実に感謝や笑顔という案外大きなものが帰ってくる。
困っている人がいるってことは、ニーズがあるってことなんです。それ、お金のニーズじゃないんです。みんな、困ってる人がいるっていうと「ビジネスチャンス！」とか言うんだけど、商売じゃなくて、困っているってことは、誰かの支えが必要なわけで。私がそれに気づいたのはやっぱり会社を辞めた時で、何も仕事がなかったらどうしよう、会社を辞めた自分が世の中の役に立つなんてことが出来るだろうかと心配していた時に、ちょうど認知症になった母が亡くなったタイミングでもあって、母と同じようなお年寄りがすごく視界に入ってくるようになって、いやいや世の中にはたくさん困っている人がいるんだって改めて思ったんですね。ってことは、ニーズはいくらでもある。ってことは仕事はいくらでもある。会社を辞めても仕事はいくらでもあるなって思った。お金を稼ぐ、って意味じゃなくて。

大原　**人の役に立つ、という意味での仕事。**

稲垣　そう。そのとき、すごく安心したんです。**「あ、私、生きていける」って。「自分が世の中の役に立っていない」なんて思う必要はない**、とそのときに思いました。

8

本当に幸福になるたったひとつの方法

大原 こうやって話してきて思ったんですけど、**僕と稲垣さんの共通点は、「外国人になったことがある」って経験**ですね。人生を学校に例えるとしたら、いろんな選択科目があると思うんですけど。僕が本当に経験しておいて良かったと思う科目は、外国人になることなんです。

この社会って、どうしてもいろんな制度が本国人にとって最適化されているから。日本に日本人として住んでいると全然見えなかった、そこから外れた人たちが存在しているってことに、自分が外国人になってみて初めて気付くんです。それまで日本は住みやすい国だと思っていたけど、それは**社会が自分に最適化されているからで、「そうじゃない人がいるんだ」ってことに常に目を向ける素地が出来た。**

稲垣 すごくわかります。私は扁理さんと違って英語が出来ないから、よけい大変なんです。あと、そんなに勇気もないし、カッコつけるタイプだから……。

大原 わかります。一回弱者になる体験をすると、**「マイノリティだってカッコつけたいんだ」**っていう、人間らしい欲望にも気づく。

稲垣 そうなんです。「自分はマイノリティじゃない！」みたいな、そういうカッコつけたい自分がいるんです。

この世の最大価値

稲垣　私が見知らぬ国をひとりで旅するようになってつくづく思ったんですけど、世の中には親切な人がいるんですよね。
　だって私、見た目明らかに金持ちじゃなさそうだし、明らかにまごついているし、現地の人にとっては絶対「おいしくない」存在で。私に関わっても得なことはひとつもない。

大原　経済合理性という意味では。

稲垣　そう。なのに、私が困っていると「どうした？」とか、すれ違うだけで意味もなくニッコリしてくれたりとか。人間って親切だなって毎回思うんです。で、そのうちに、**親切であるってことは、この世の最大の価値なんじゃないか？**と思うようになった。親切って無私の行為じゃないですか。人に対して自分がこうすればこんな見返りがある、とかじゃなくて、ただただ困っている人を見つけたら何かしてあげたい。外国に行く度に、自分がすごく親切にされて、それで助かって帰国するから、日本にいるときに自分も親切でありたいってすごく思うようになった。

大原　特に台湾なんて、親切が日常茶飯事。経済合理性では割り切れないことを、みんながみんな普通にやるから。経済の国・日本から来た僕の目からすると、**台湾では「経済」が「親切」にボロ負けしている！** って思うんです。

稲垣 お金、敗れたり！　みたいな。

大原 そうそう。お金を生まない行動を、みんなが損得抜きにやる。その爽快感たるや。

稲垣 昔は日本もたぶんそうだったんだと思う。

●――たしかに、中国の故事や昔の日本映画には、働かないおじさん／おじいさんがけっこう出てきますね。お金持ちではなく、かといって悟っているわけでもなく、みんなから尊敬されてはいないんだけど、愛敬があって、なんとなく存在を認められている。で、本人はまったく悪びれずに、あくせく働いてる人たちを「俗物どもめ」みたいな感じで、ちょっと斜めに見ているような人物。そういう人が、今の人たちには、想像もつかなくなっている感じがします。

稲垣 そうですね。すべてがお金に覆い尽くされ、何でもコスパで考えるようになって。ここ10年くらいで、異常なまでにそうなった気がします。なんか、隙間がない。お金以外のサムシングが入り込む余地がない。

たとえばタクシーに乗っても、昔は雑音だらけのAMラジオがかかっていた。野球中継とか漫才とか。運転手さんが好きなものを聞いていた。それを客も聞くともなく聞いて、一緒に笑ったりしていたんですけど、今はタクシーに乗ったら目の前にドーンって広告の画面を無理やり見させられるじゃないですか。私、乗った瞬間にいつも消すんです。乗った瞬間に「広告を視聴する人」にさせられて、その場がマネタイズされるわけじゃないですか。**ここまで隙間なく全部がお金に集約される時代って、ものすごく息苦しい。**

大原　僕も、渋谷駅のエスカレーターの手すりに広告があったときにビックリしました。ついにここまで来たか、と。

稲垣　視線を計算しているわけですよね。そこ、手をやるから目が行くよね。

大原　だから、渋谷に来ると、いかに広告を視界に入れないかに苦心します。

稲垣　苦心しないとどんどん何かに取り込まれていく感じがすごいですよね。頑張って「お金が絡まない何か」を取り戻さないと、お金が本当にすべてになってしまって、気づいたら人生の全部が損得に染められて、すごく寂しくて不安なことになっていくと思うんです。

そこで、**そうならないために「親切」っていうのはすごく効くと思うんですよね。私も人の親切を意識するようになったら、自分もちょっとずつ人に親切にすることが上手くなってきました。**親切にもスキルが必要なんです。押しつけがましくなく、相手に負担を与えないタイミングもすごく大事。でも、このスキルって誰でもやればちゃんと磨かれるんですよね。だって私だって上手くなってるんだから。何しろ私、親切なんて意識するようになったのは会社を辞めてから、50を過ぎてからです。それまでは時間とエネルギーの無駄だと思ってた。

大原 心の底から思ってた?

稲垣 思ってましたね。というか、自分にとっての利害関係者ならやるよ、みたいな。お金につながる親切ならやる、とか本当に思ってたもん。

友達と他人の中間領域

大原 それって私生活の人間関係もそうじゃなかったですか? 僕ね、台湾では全然違うんですけど、東京に住んでたとき、とくに隠居する前って、友達と他人の間にグラデーションが無くて、友達以外は全員他人! 他人なんて自分の世界には存在してないも同然だった。他人は親切の対象外だったんですよ。だけど台湾って、ポートランドもそうだと思うんですけど、**友達と他人との境があいまいで、ものすごく中間領域があるんです。自分の世界に、急に他人が存在し始めた。**

稲垣 わかります。その領域、実はデカいですよね。

大原 この領域を自分の人生にいかに有効に使えるかで、本当に変わってくる。

稲垣 そうですよね。

大原 だって、個人的見解ですけど、外国人って高齢者・障がい者と並んで、社会で孤立しやすい人たちトップ3じゃないですか。**そういう立場で暮らしていると、友達と他人の間のグラデーションの人たちに認知されることが、ものすごく大切**なことなんです。

稲垣 そうそう。それで、どういうことをやっていますか？　外国に行ったときに、グラデーションの人たちに認知されるために。

大原 何度も会う近所の人とかカフェの人には、笑顔で挨拶。すごく当たり前のことですけど。

稲垣 そうですよね。まずは笑顔と挨拶。

私はね、会社を辞めてひとりぼっちでフラフラ海外に行くようになって確信を持ったんですけど、当然、基本誰も相手にしてくれないじゃないですか。で、それがものすごく孤独すぎて、これはなんとかして私を必要としてくれる人を見つけるしかないと思ったんですけど、よく考えたら私は英語も話せないし、無力すぎて私を必要としてくれる人なんているわけがないんですよ。で、肩を落として街を歩いていたら、ホームレスの人が物乞いをしていて、あ、ここにいた！　私を必要としている人が！　って思ったんです。

大原 うんうん。

稲垣 それ以来、外国に行ったときは、お金を求めている人に「お布施」をするようになりました。もちろん疲れた顔をしていて笑顔ひとつ返ってこないこともあるけれど、ポートランドではお布施を渡したら「あなたには絶対良いことが起きる！」と言われたり。

大原 ファンキーなホームレス、いますよね。

稲垣 そう。いつもは1ドルくらいなんですけど……一度3ドルあげたことがあって、そしたら横にいたホームレスの友達がめっちゃ喜んで、拍手してくれたんです。

大原 可愛い（笑）。ちなみにその友達は、ホームレス？　ホームレスじゃない人？

稲垣 そこがよくわからない。ポートランドのホームレスってすごく友達が多いんです普通に。というか、私だけじゃなくてホームレスにお布施を渡す人がものすごく多くて、その人たちが**「あげる人、もらう人」というんじゃなくて、みんな友達っぽい関係で。**

大原 台湾もそうです。

稲垣 ホームレスが普通に街の一員になっている。

大原 そうそう。駅の地下街で、スリッパもボロボロ、服もボロボロ、みたいな人が歩いてたんですけど、すぐ近くでおばちゃんが焼き饅頭を買っていたんです。そしたら、そのボロボロの人を呼んで、おばちゃんがお店の人にお金渡して「はい、あげる」って焼き饅頭を買ってあげていたんです。そういうことを自然にできるのが、台湾の社会。

　僕、東京に住んでいたとき、時々同じことをやっていたんです。ホームレスに食べ物渡したりとか。でも、東京では誰もやってないから、この溝を越えていくのがすっごい大変で。

稲垣 食べ物を渡すのは、ちょっとハードル高いかも……。なんか踏み込みすぎなんじゃないかとかあれこれ考えちゃいます。

大原 何でですか？

稲垣 何でだろう。今はそんなにお腹が空いてないかもしれないとか、もしかしてお腹が痛いかもしれないとか、好き嫌いがあるかもとか……その人のことをちゃんと知らないと、考える要素が多すぎて一歩が踏み出せない。

大原 お金の方が渡しやすいか。

稲垣 でも、食べ物を渡す方が上級者ですね。

地域猫と同じポジション

稲垣 外国に行くと、私、図書館によく行くんです。で、図書館って実はホームレスだらけなんですけど、「あ、前にこの人と会ったな」みたいなことがよくあって、目が合うとお互い軽く挨拶したりして、ふと気づけば外国に行って一番最初に知り合いになるのがホームレスの人たち。ということはつまり、私自身がホームレスと同じような位置なわけです。外国に行くと、無力という点では彼らと一緒だな、と。

そうなると、ホームレスの人が臭うとか、一切思わないんですよ。自分も一緒だと思ってるから。日本だったら「この人、臭う」と思っちゃう気もするんだけど、外国に行ったら、自分がいつこうなるかわからない、というか既に似た立場なんだって、そう思うと臭いなんてまったくオッケー。っていうか、臭うと連帯感が湧いて安心するくらいです。すごく世界が広がる感じがありますね。

あと、ポートランドでは車椅子に乗ってる人をすごくよく見かけました。ハンディキャップ持ってる人をみんなで積極的にCheer upしようって社会なんですね。だから、車椅子の人が公園に行くと、散歩してるおばちゃんとかが必ず寄ってきて話しかける。それをみんながやっているから、車椅子の人にも「自分は話しかけられる存在だ」って意識がすごくあって、私とすれ違ったときにも車椅子を減速するんです（笑）。私、英語が出来ないんだけど、いやいやここは絶対話しかけなきゃいかん場面だよねと思って「ハーイ！　元気？」くらいの英語で何とかするんですけど。

大原　日本語でもいいんじゃないですかね。

稲垣　まあそうなんだけど、ほらやっぱりカッコつけたいから（笑）。確かに向こうは私が英語できないこととか全然気にしてないんですけどね。でもああいうのってすごく良いですよね。**弱い人が必要とされているというか、お互いがお互いを必要としていて、関係性がどんどんあいまいになってくる。**ホームレスの人が私を必要としているんじゃなくて、私がホームレスの人を必要としている、みたいな。そういうのがすごくホッとするんですよ。

大原　僕も外国に住まわせてもらうときって、一応何らかの役に立ちたいと思ってるわけです。でも、まあ、ニコニコして周りに声かけるぐらいしか出来ないんですけど。それってなんか、地域猫と同じポジション。

稲垣　確かに（笑）。

大原　特に生産的なことをしているわけじゃないけど、僕が話しかけると、ちょっとその場が和む。そういう存在になれると、なかなか役に立っていると言えるのではないか。

稲垣　ホームレスも同じだと思うんです。**みんながその人に親切にすることで、自分は良いことをした、自分は善人だと思える。そう思えることで自分がハッピーになれる側面って絶対あるじゃないですか。**だから、自分が弱者であることが自分にとっても地域にとっても財産になるっていう。そんな発想、日本にいるとなかなか思いつかない。

大原　どの国でも、経済的合理性でギチギチの生活をしている人たちが、ひととき憩える、生活のエアポケットみたいなのを求めているのかもしれない。

稲垣　エアポケット。本当にそうですね。

大原　僕が世界一周してたとき、ニューヨークに1か月くらい滞在してたんですけど、みんな冷たい！　歩くの速い！　他人無視！　みたいな。すごく冷たい街だなと思ってたんです。

でも、その旅が終わって数年後、現地には行かなかったんですけど、トラベルライターの仕事で、ニューヨークのお店の基本情報の確認をする機会があって。そこで国際電話をかけて、車椅子への対応をしてるかと質問したときに……ニューヨークって本当に経済合理性の高い街だから、みんな喋るのも速いし、お金にならないことは答えたくもない、ぐらいの感じなんですけど、「車椅子のアクセシビリティ、どうですか？」って訊くと、一瞬でみんな親切になるんです。「入り口に段差はあるけど、ウチはみんなで手伝うし！」みたいな感じで急にフレンドリーになる。**あ〜、みんな本当は疲れてるし、経済合理性じゃないところで役に立てる自分を、きっとどこかで求めているんだ、**と思ったんですよね。

稲垣　うん。アメリカ人って、きっと人を助けるのが好きなんですよ。人を助けるのが好きな文化ってすっごいですよね。だから私なんかが街でまごついてると、アメリカ人のいいカモなんですよ。

大原　チャンス！　って（笑）。

稲垣 わらわらわら〜ってみんな寄ってくる（笑）。私、旅行する前はアメリカにあんまり良いイメージを持っていなくて。雑だし、声でかいし、銃持ってるし……みたいな。でも行ってみたら、この人たちすごいって。

もらう力

大原 最後に、「もらう力」についてもう少し詳しく話しませんか？　僕、最初に稲垣さんとお話をしたときに、稲垣さんの「もらう力」の話がすごく面白かった。

なんで僕自身が、収入が低くてもこんなに満たされているのかと言えば、**「今までずいぶんもらってきたな」と思える、その考え方というか心の技術を身につけてきたからなのかな？**　と思ったんです。目に見えるモノだけじゃなくて、目に見えない気持ちとかまで含めたら、みんな相当、毎日いろんなものをもらって生きているんじゃないかと。これに気づけるか気づけないかの差だけで、**自分がたくさんもらっていることに気づけたら、その瞬間にマジでリッチって思える。心が超豊かになる。**

稲垣 うんうん。

大原 最近、『贈与をめぐる冒険』（岩野卓司・著）って本を読んだときに、贈与っていうのは目に見えるモノだけじゃなくて、目に見えないモノも実はたくさんもらっているということが書いてあって。それはたとえば教育だったり、言語だったり、この空気とか太陽の光、そういうものも含めたらめちゃめちゃギフトをもらっている。そう考えたら、もうこれ以上何を欲しがることがあるだろうか？　って思ったんです。だから、もらっていることに自覚的になることで、豊かになる技術もあるんではないかなと思っています。

稲垣 確かにそうですね。今の世の中が「足りない」「困っている」「あいつがもらいすぎてるせいでオレが損をしている」っていう成分でしか出来ていない、くらいのことになってしまっているのは、そのことになかなか気づくチャンスのない人が多いせいなのかもしれない。扁理さんはどうしてそこに気づけたんですか？

大原 そこなんですよね。この2週間ぐらい、ずっと考えていたんです。何でなんだろうな～？　って。

稲垣 もしかして小さい頃から？

大原 小さい頃は全然意識していなかったと思う。振り返ってみると、世界に対するある種の信頼が生まれたのは、隠居後なんです。お金が足りないとブーブー文句言っていた頃は、自分と社会が分断されていたんですよ。

なぜ分断されていたかといえば、自分の一挙手一投足が、良いことも悪いことも、どんな小さなことでも、この世界とつながっていて、世界に対して影響を与えていくっていうことに気づいていなかったんです。だから人に言えないようなこともしてました。ただ自分はひとりで生きてると思っていたから、ひとりしかいない世界では当然、個人的な損得だけが何より大事だったんですよね。

で、なんでひとりで生きているなんて思ってたかといえば、**自分にはこの世界を良くする力もあるし、悪くする力もあるということを信じていない、つまり自分の力を過小評価していた**からなんです。まさか自分がソーシャルインパクトを与えられる存在だなんて思ってないから、周りに及ぼす影響のことなんか想像できないんですよ。僕はこの感覚の先に、闇バイトとかに安易に手を出しちゃう若者の気持ちがある気がするんです。あんなの自分も損、巡り巡って自分が生きてる社会も損、損しかない。だけどあの子たちが根っから悪人なわけじゃなくて、自分と世界が分断してるから関係ないように見えてるだけなんだと思う。だから目に見えないところで他人がどれだけ被害をこうむっても、自分だけがお金もらえればそれでいいっていう発想になっちゃうんじゃないかなぁ。自分と世界がちゃんとコネクトしていれば、そういう発想にはなりにくいような気がします。

でも、隠居してからは、時間が有り余ってるから、たとえばお年寄りとか障がい者の人を助けるじゃないですか。そのことで目の前の人が笑顔になる。感謝される。いろんなものが返ってくる。**自分のやったことが確実に世界に影響するのを目の前で見せつけられるし、またそれに気がつく余裕がある。**一つひとつは本当に小さなことだけど、自分には何かを変えていく力があるんだと、助けた人たちに教えられる毎日になったわけですよ。そうするとだんだん、**自分と世界がリアルに地続きになっていることが、実感をともなって信じられるようになりました。**これ、ガンディーも言ってたけど、**見たいと思う世界の変化に自分自身がなればいい、**って話で。そう思えることこそが世界に対する信頼で、そうなったらもう、あなたの得＝わたしの得。個人的に足りてるとか足りてないとか、そんなのどうでもよくなるんですよ。

この世界はひとつしかない

稲垣 それ、この本の鍵になる本当に重要な感覚ですよね。

で、それに関連してぜひ話してみたいことがあるんですけど、今、そのリアルな世界がどんどん失われつつあるじゃないですか。みんなテクノロジーに関して無防備だし、ある種の思考停止っていうか、便利であることを絶対視する傾向があって、そっちにどんどん傾いている。まあ冷蔵庫とか掃除機もそうで、もともと便利に傾いていたんだけど、**もは**

や手足だけじゃなくて脳内も含めてリアルそのものがどんどん失われているじゃないですか。それってどうなのかな？　と。

大原　どうなんですかね。その部分ではたぶん、僕は同世代の人たちに共感できないかもしれない。バーチャルにもいろいろありますけど、卑近な例で言うと、今、Instagram とかで顔写真の加工がすごいじゃないですか。でも、実際に誰かと会うときの自分と、Instagram 上の自分とのリアリティの折り合いをどうつけているのか、僕、全然わかっていない。

稲垣　それ、私もわかんないです。でも目の前のことよりスマホの中の情報に注意を払うことが当たり前になってくれば、加工上の自分の比重の方が、リアルな自分の比重より上になっても全然おかしくないのかなという気もします。

以前、バーチャルリアリティの会社をやっている人と話す機会があって、その人がいろいろ面白い話を教えてくれて、すごく考えさせられたんです。たとえば、VRにハマって離婚する人がけっこういるらしいんですね。と言うのは、VRってゴーグルかけるから、一旦そっちの世界に行ってしまうとなかなかこっちに帰ってこないらしいんです。確かに夫がずーっとゴーグルをかけていてずーっと別の世界にいたら、それは離婚するよね……と思った。

大原　そりゃそうだ。

稲垣 ゴーグルを取るタイミングがなかなか無いらしくて。そうなると、そのVRの世界の中の友達と一緒に寝て、それから起きて「おはよう」って言い合うのが楽しいらしいんです。なんかもう、すごいことになっていると思いました。

で、私はそのことをかなり恐ろしいことだと思っているんですね。だって、それってその人の中に、このリアルな世界の他に、別な世界が出来るっていうことですよね。**バーチャルの世界が生まれると、この世界って1コじゃなくなるんですよ。今の世界が気に入らなければ別の世界を選ぶことができる。**現実の世界が嫌だったら、別の世界に行けばいいんです。

でも、私も扁理さんも、苦闘して今の境地にたどり着いたのは、たぶん世界が1コしかなかったからで。別の世界が選べるんだったらそっちに行って、たぶんこの境地は発見できなかった。

大原 なるほど。でも、バーチャルの世界って、身体性を伴わないじゃないですか。バーチャルの世界でメシを食っても、こっちの腹は膨れないわけで。

稲垣 それについても、その人が面白いことを言っていたんですけど、実際、バーチャルの世界にずっといると、現実世界の自分のお腹がへるし、トイレも行かなきゃいけないってことが、すごく面倒になるそうなんです。すごくないですか？

大原　すごい。本当に映画『マトリックス』みたい。

だけど、もしも逃避先としてバーチャルの世界を選んでいるんだとしたら、そういう人たちは「現実を楽しくすればいいじゃないか」という方向にはいかない？

稲垣　きっといかないんじゃないかな。1コしかない世界だから、嫌なことがあっても逃げられないから、みんな頑張って問題や矛盾を解決しようとするわけで。だから世界を増やすことは、私にはどうしても良いとは思えないし、憧れもないと言ったんです。そしたらその人にふたつのこと言われて、それもなるほどなと思って。

世界に対する信頼

稲垣　ひとつは、小説とは何かと訊かれた小説家が「**この世界が1コしかないことに対する抵抗だ**」と答えているのを読んで、バーチャルの世界もそれと同じだと思ったと。それはなるほどなあと思いました。たしかに小説を読むと、今の自分とは違う別の人生に想いを馳せることで自分の世界が広がる。小説を読んでいる間は苦しい現実から一時でも救われたり。それはVRと同じじゃないかというのはハッとする指摘でした。

で、もうひとつ言われたのが、今の世界とそこそこ折り合いがつけられている人は切実に別の世界を必要とはしないと思うけど、そうじゃない人もいるんだと。たとえばすごい田舎にずっといて、周囲に自分を理解してくれる人は誰もいない。そういう人にとってバーチャルな世界は本当に救いで、この世界にハマる人のほとんどは、何がしかそういう理由があって集まっているんだと言われて、それも、なるほどそうかと思ったし、結局自分はすごく恵まれているからそういう切実なニーズがわかっていないだけなのかもしれないなと反省もしました。

でも……それでもやっぱり、私はこの世界が最悪だとしても、1コしかないってことが私にとっては重要だっていう気持ちは変わらないんですね。なんというか、世界を増やしていくというのは、一方では別の世界を捨てていくことなんだと思うんです。世界は自分だけで出来ているわけじゃないから、自分が捨てた世界では、自分に捨てられた人が生きているわけで。

だから、扁理さんが**「世界と自分が地続きであると感じられたときに、世界を信じられるようになった」**というお話をされたので、いや本当にそうだよなあと思うと同時に、それって時代的にはどんどん難しくなっていくのかな？ と。

大原 僕自身は、結果的にそれでハッピーになっちゃったので、この自分が体験したことの説得力はたぶん変わらない。でも今のお話を聞いて、たしかに自分がド田舎に住んでいて、周囲ともうまくいっていなかったら、バーチャルな世界って切実に必要だと思う。

稲垣 もし扁理さんがバーチャルの世界に行っていたら、今の扁理さんはいるのかなどうなのかな？ そこはかなり大事なポイントだと思うんですね。

ここで一旦話を戻して私の「もらう」話をすると、私の場合は目に見えないものももちろんいろいろもらっているわけですが、それとは別に、今の生活を始めてから現実にブツをもらうようになりました。自分自身もなんだかんだと人にブツをあげています。**要するにみんなで余ったモノを譲り合っている。**それこそ、みんなが良くなれば自分も良くなるの典型で、自分が持っていても使わないとか、早くあげないと腐っちゃうとか、そういうものを必要とされている場所に流す。そうすると、今度はあげた相手が何かが余った時にモノをくれる。一旦この流れができるとどんどん川幅が広くなって、それが日常になっていくんですね。これってみんな平和で、みんなにとって良いじゃないですか。**モノが行き交えばハートも行き交って友達ができるし。**これを扁理さんの言葉で言い換えると、そういうことをやっている人たちには普通に「世界に対する信頼」があるっていうことなんです。でも今実際にこんなことをやっている人は、特に都会ではすごく珍しいみたいで、この話をするとすごく驚かれる。「現代の東京でそんなことが？」って。で、どうしてみんなこういうことをしないのかって考えた時に、ほとんどの人が家の中に溜め込むのが普通になっちゃっているからなんじゃないかと。

大原 特に食べ物は腐りますからね。賞味期限がある。

稲垣 でも冷蔵庫があるから溜め込めちゃうんですよね。だから実は私も今は偉そうにこんなこと言ってますけど、今みたいな考え方をするようになったのは冷蔵庫をやめたことがすごく大きいんです。**冷蔵庫を持たない強みって、食べ物がすぐ腐ること。**

大原 **だから、誰かにあげるしかない。**

稲垣 人からもらう最大のコツは、まずあげること。「もらう」からスタートするのはハードルが高いじゃないですかやっぱり。だから冷蔵庫が無いのが最大のエンジン。あげれば、もらえる。それを繰り返していたらそれがまったく普通のことになっていったんですよね。

FIREで友達を失くす人、増える人

大原 それにしても冷蔵庫が無いのはすごい。

稲垣 いやいや、実は無いのがいちばん楽で合理的です。冷蔵庫があると、余分なものを溜め込んで結局腐らせちゃうんですよね。つまりはものも腐らせるし人間関係も腐らせる。冷蔵庫は人生を腐らせているんです!

大原　あとは、いろんな話とゆるやかにリンクしていきますけど、稲垣さんからいただいた構成案にあった「ＦＩＲＥで友達を失くす人、増える人」という項目。これは「もらう力」の話と関わっていませんか？

稲垣　うん。まったく同じ話ですね。**もらう力があるってことは世界への信頼があるってことで、その信頼は、お金をひたすら貯め込まずとも自分はすでに満たされていると気づくことで生まれる。つまり、そこにさえ気づけば誰でもその瞬間に経済的に自立できて、つまりＦＩＲＥを達成できて、友達も増えるんです。**いや友達というか、さっきの話で言うと友達と他人の間のグラデーションの部分がとても増える。私が今の生活を始めて一番良かったと思っているのはそこで、それが何よりも大きな財産だと思っている。会社員として高い給料を当たり前にもらっていた時より、今の方がずーっとずーっと豊かな暮らしをしてると思います。

大原　そうですよね。その部分の厚みで人生のクオリティが変わってくると思います。でも、稲垣さんは地元に友達が１００人以上いる、って言ってましたもんね。僕はそれが今……出来るかもしれないけどやりたくないんです。地元が嫌いだから。

稲垣　いや、その話なんですけどね、ここまで話してきてすごく思ったんですけど、扁理さん、困っている人に食べ物をあげに行ったり、すれ違う人の荷物を持ってあげたり、宝くじをあげたり、それって全部人との関わりですよね。友達がいないって言うのは、単に友達の定義が違うだけなんじゃないかなと思えてきたんですけど。私が地元に友達100人って言うのは、そのほとんどは友達と他人の間の人たちで、つまり自分的に勝手に友達の定義を広げているんです。その部分をすごく大事に思えるようになったんで、これも友達っていう範囲に入れていいよね？　みたいな。

で、話を戻して「FIREで友達を失くす人」なんですけど、**「お金で幸せになるんだ」と思ってFIREを目指して、達成した後もその発想が変えられなかった場合、結局、満たされているという感覚はどこまでいっても持てない気がするんです。**その貯めたお金を死守して生き延びるって思ったら、今いる友達も消えていきかねない。守りに必死で「あげること」ができないから、人から何かもらうこともできない。

●――「自分はFIREを達成した人間だ」という自己認識に至ると、それ以降、寄ってくる人を警戒しそうですね。「おまえの目的は何だ？　金が目当てか？」って。それはしんどそうです。

大原　東京だったら、人付き合いにもお金がかかるし。お金一本だけで自分を成り立たせようとしたら、それこそ「この友達付き合いにいくらかかるの？　損！」ってなりがち。

稲垣　だから、やっぱり、自分が余っている／足りていると思えるかどうか。そう思えたら大丈夫。結局、友達が増えることが何よりもいちばん大事じゃないですか。

大原　友達って、資産ですよね。僕、東京で隠居していたときは、友達が微増を続けていた感じでした。その時は資産だとも思ってなかったんですけど、そのおかげで今、東京に来ると友達の家に泊めてもらっている。しかも、自分がこういう生き方をしていることを理解してくれている人たちなので、付き合いやすいし、良かったなと。今、ガチガチのサラリーマンと付き合えるかと言うと、わかんない。

稲垣　やっぱりサラリーマンは、どうしても「お金主義」になりがちなんですよね。毎月給料をもらうことに依存するようになってくるので、既得権というか、お金をもらえて当たり前、ないと不満で不安というループからなかなか抜け出せない。だから今となってはどうも話が噛み合わなくて、気が付いたら、サラリーマンの友達はほとんどいない。自営業とかアーティストとかばっかり。

大原　僕も会社員の友達はほとんどいないです。隠居していたときからそうだったけど、自由業とか、ミュージシャンとか、そんな人ばっかりですね。

稲垣　でも会社を辞める時は、そもそも友達ができると思っていなかった。転職とかじゃなくてただただ辞めたんで、普通に考えたら仕事もなくてひとりぼっちじゃないですか。もちろんすごく心配で、辞める前に、数年前に会社を辞めた先輩に会いに行ったんです。そうしたら「稲垣さん、大丈夫。**ロープから手を離して『あ〜っ！』って落ちていくと、誰かが**

代わりのロープを投げてくれるから絶対に大丈夫！」とおっしゃっていて。

大原 それって世界に対する信頼ですよね。

稲垣 そうなんですよ。でも、当時の私はそれを聞いて「え〜？」と思ったんです。そりゃ、あなたはたまたまそうだったかもしれないけど、そこで誰もロープを投げてくれなくて墜落死している人がいても、死んでいるから何も言えないじゃないですか。

大原 死人に口なし（笑）。

稲垣 そうそう。先輩はそうだったかもしれないけど、そんなこと一般化できるはずないじゃん！　……と思ったんですけど、思ってもみなかったアドバイスだったんで、ある意味衝撃的で、心にはすごく残ったんです。

で、結果から言うと、実際辞めたらいろんなロープが確かに降ってきた。でもそれはみんなが思っているような、何かおいしい話がやってくるとか、再就職先の誘いがあるとか、そういうことじゃなかったんです。

恐らく誰でもそうだと思うんですけど、今持っているモノを全部抱えていたら、何も新しいモノが入ってこないし、入る余地もない。入ってこようとしても拒絶する、ぐらいの感じだと思うんです。**そこで、ちょっと捨てて隙間をつくると、何かが入ってくるんですよ。辞めてみないと新しい世界は絶対にやってこない。**

大原　それが出来ている人って、出来ない人の気持ちを想像するのが難しいじゃないですか。そこだと思います。僕たちがどれだけ言っても、「そんなわけないじゃん」って思うか、「あ、そうかも」と思うか。

稲垣　実際にやってみるかどうか、踏み出してみるかどうか、ロープから手を離してみるかどうかでまるっきり変わりますね。

大原　そうなんです。で、私の場合、自分がロープから手を離したときに確かにロープが降ってきたんですけど、それは、みんなが思っているようなロープじゃない。

稲垣　うん。同じようなロープがまた現れるってことではない。

大原　そう。おいしい仕事が見つかるとか救世主が現れるとか、そういうんじゃないんです。でも何も無くなったときって、必死になるんですよね。それは新しい仕事を見つけるとかいうレベルの話じゃなくて、人生全般に必死になる。そうすると、近所を歩いていて「花、咲いてる、綺麗かも！」とか「今日は雲の形がなかなかよろしい」みたいな、そういうどうでもいいことにいちいち注目して、大袈裟に喜んでみたり。つまり**必死になったら何かを取りに行こうとするんです。**それがロープなんだと思う。

稲垣　ロープじゃなくて藁かもしれないですけどね。

大原　たくさん降ってくれば藁でも多少時間が稼げる。

大原 （笑）。

稲垣 いやほんと真面目な話、**藁でも何でもつかまっていればちゃんと生きていけるじゃんと知った時の解放感って、すごいものがあります。** そんな体験があるので、前に「60歳になったら整理したい」と言ったのは、それを知っているから。あれこれ好きなことをやっていたら、ちょっといっぱい持ちすぎている感じになってしまったので、**もう1回、新しい風を入れたい。そのためには、今持っている、捨てがたいものを捨てなきゃいけないんです。** でも大丈夫、あのときの感じをもう1回経験できるんだ、だから怖くないんだ、というのがすごくあるんです。

大原 1回やっちゃうと、2回目はハードル低くなりますよね。

稲垣 そう、もう大丈夫。そのくらい圧倒的な体験でした。大学に合格したとか、憧れの会社に就職したとか、社内で賞を取ったとか、そんなこととは比べものにならないほど良い体験でした。

大原 でも、そこでロープから手を離すのは、やっぱり「自己責任」なんです。

稲垣 そうなんですよね。

大原 **「自分で責任を負うぞ」っていう覚悟が必要。これって「ロープから手を離すけど、おまえら助けろよ」みたいなことではたどり着けない境地なんです。** でも、これが難しい。

稲垣　難しいね。本当にそう。

大原　自分が「年収90万円でハッピーです」と言える強みはそこで。本当は、年収90万円でハッピーなんて、世間の基準からしたらおかしいはずなんだけど、でもそれを言える強みって、自己責任でそれをやってきたから。これ、誰かからもらった90万円でやっていたら、ここまでの満足や充実感は無かったと思うんです。でも、自分で稼いだお金で、自分なりにいろいろ工夫した結果、自己責任で年収90万円でハッピーになりました、となったときに、これが年収90万円という額面以上のものに変質するんです。

自己責任って、ほんと、使い方によっては錬金術だと思います。これが自己責任の魔法。自己責任という言葉の使い方によっては、あなたを突き刺すこともあるし、生活のクオリティを上げてくれるものにもなる。いい使い方をしないともったいないんですよ。ここをなんとかうまく読者に伝えたい。

稲垣　確かに私も自己責任だから冷蔵庫を捨てたり出来たんですよね。みんなから「止めろ」って言われても、「いや、いいのよ。失敗しても誰にも文句言わないから」って言ったら誰にも止められない。そこが自己責任の自由ですよね。

大原　でも、冷蔵庫を捨てるのは自己責任でチャレンジ出来るけど、これが病院の話になるとなかなか……急に何も言えなくなる自分もいるんです。冷蔵庫は失敗したらまた買えばいい。

でも命は失敗したら取り返しがつかない。僕個人としては、死ぬことは怖くないいんじゃないかなと思っていますけど、じゃあ自己責任でチャレンジしますって死ぬわけにもいかない。つまり死んだことがないから、いかんせん説得力がなくて。自分でも、命の自己責任をどうすればいいのか、まだわかりきってないところがあります。

かといって自分の命のことなのに、「他己責任」にするのもイヤなんですね。父が病院に通っているのを見ると、もう病院に言われるがままなんです。父本人が頼んでもないのに「はい、じゃあこの検査、次にこの検査」って、何時間もかかる。僕が病院に連れて行っているんですけど、歩けないのに何度も車椅子から立ちあがって移動させられて、めっちゃしんどそうなんですよ。だからつい、「あのさ、お父さん、イヤだったら断っていいんだよ」って言うんだけど、「でも医者が言ってるし……」みたいな。この医者に対する全面の信頼って何？

稲垣 お父さんが自己責任でその選択をしているとも言えますよね。

大原 というよりも、あきらめのように見えます。もしくは、**自己責任で選んでいいっていうことを知らないだけか。**

稲垣 世代もあるんじゃないかな。医学の進歩が人類を幸せにしてきた時代を体感している世代だから、自分で自分をケアするという発想を持ちにくかったんじゃないかと思う。何かあれば病院に行って薬をもらえば何とかなるという感覚が染み付いているというか。うちの親もそういうところがすごくある。でも現実には、歳を取ると病気じゃなくて老化が前面に出てきて、そうなると薬ではどうにもならないんですよね。

大原 そうそう。それは病気じゃなくてただの老化じゃない？　と思うことがあります。

稲垣 薬で治らないことが増えてくる。うちの母は認知症だったんですけど、薬では治らないじゃないですか。でも医者は、患者が来たら薬出すしかやることがないから薬を出す。でも、薬を飲んでも治らない。それでも親は薬を出されたら治るとやっぱり思うらしくて、心の底に不信感と悲しみが……これはもう本当に根深い問題だと思います。医学の限界を普段からちゃんと認識しておく、つまり自分の身体は自分でケアするのが基本なんだっていうことを意識的に実践していかないと、この長生きの時代はかなり厳しいことになりますよね。

人生を自分の手元に取り戻す

大原 それって病院だけじゃなく、すべてにおいて言えて。**他人に決めてもらう度に、どんどん自分の人生が自分から離れていく気がするんですよね。**それが、「他己責任」の落とし穴。

稲垣 そうですよね。

大原 そこで自己責任で、自力で達成することを増やしていくのは、それこそ人生をひとつずつ自分の手元に取り戻していく作業です。この本を読んでいる人にはぜひ、読むだけで終わりじゃなくて、小さなことでも何かひとつ行動してほしい！

稲垣 でも、その一歩が踏み出せないというのはよく言われます。

大原 なんでですかね。僕、コロナのときに思ったんですけど、みんな自由があると逆に持て余しちゃうから、本当は管理されたいのかな？ その方が楽、みたいな。

稲垣 それこそ自己責任でやって何か起きた場合、誰のせいにも出来ない。たとえば冷蔵庫を捨てたとき、みんなからは「食中毒で死ぬよ」って言われて、実際はそんなことないんですよ。だけど、仮に食中毒で死んだとしたら、まさに自己責任。

大原 そこで周りの人が、悲惨とか可哀想とか言っても仕方がなくて、問題は本人の気持ちだと思うんですよね。孤独死のニュースを見ても思うけど、本当のところはわかんないじゃん。実は本人は毎日活き活きと暮らしていたのかもしれないし。周りの人が可哀想とか決めつけるのは失礼じゃないかと思ったりします。

自分で責任負って生きてきた人って、すごく素敵ですよよ。むっちゃカッコいい。ゆる〜く生きてるように見えても、芯があって、佇まいも美しい人が本当に多い。

稲垣　でもみんな、「そういう人には憧れるけど、自分はちょっと」って言うんですよね。でも、それでもいいんじゃないですか？　自分もそうだったけど、やっぱり人間、何か大きなピンチとか、やむにやまれぬ事情がないと、自分を変えることってなかなか出来ないと思うんです。だから私が最近思うのは、たぶん、これからの世の中、相当な危機が訪れる。で、その「やばい何とかしなきゃ！」ってときに、ふと「そう言えば、年収90万円でもやっていけるって人がいたな……」と頭によぎる。

大原　なるほど。

稲垣　ピンチって、人によって違うけど。でも、やっぱり扁理さんだって、ある種のピンチによって隠居に踏み切っているじゃないですか。私も、ある種のピンチの結果、現在がある。何もない平時に「冷蔵庫を捨ててみよう」ってなかなか出来ないですよ。

大原　確かに。

稲垣　今、そこそこうまくいっていて、不満はあるけどそこまでピンチじゃないときには「いや、さすがに年収90万円では……」となるじゃないですか。でも、**いろんな意味で行き詰まったときに、「あ、あのやり方があったな」というお守りとして、ってぐらいでいいんじゃないかな。**

大原　そうですね。自分が郊外に引っ越したときも、いちばんの原動力が何だったかと言うと、そうでもしないと都会に食いつぶされるんじゃないかっていう不安と恐怖。楽しみとかじゃなくて。やっぱりその駆動力はすごい。

稲垣 私も基本は同じ。将来の辛さを考えるとこのままじゃ絶対まずい、っていうのがありました。

片方が死んでいる

●ピンチに陥ったとき、現実世界で自分の顔や身体を晒して隣人に話しかけるより、匿名のままバーチャル空間で仲間を作る方がハードルは低いですよね。

稲垣 そうだと思います。

●だから、そっちへ行きがちなんだけど、おふたりは勇気を持って現実世界で一歩を踏み出した。どうしたらおふたりのようになれるんでしょうか?

稲垣 私は今は世間一般の人以上に時代についていけていない、というか、むしろ時代を逆行して生きているところがあるので、バーチャル空間に親しんでいる人のリアリティと、私が言うリアリティは、おそらくまったく違うはずなので、正直わかりません。でも、ひとつだけ思うのは、さっき言ったように、今のテクノロジーでは自分の世界を増やすことは確かにできるように見えるんだけど、それでも世界はやっぱり1コなんだと思うんです。というのは、たまたま「インスタ女子」に占拠されているお店のお手伝いをしたことがあって。

大原 占拠（笑）。

稲垣 あ、別に不快に思ってるわけじゃないんですよ。だってそういう人たちって本当にすごく礼儀正しくて、「すみません」とか「ありがとうございます」とか、あいさつをとってもとっても丁寧にされるんです。でも……なんというか膜をまとっているようで、どうもコミュニケーションが取れている気がしなかったんです。

で、どうしてなのかなとずーっと思いながら接客していてハッとしたんですけど、みんなスマホの向こうの世界にいるんだなって。いい感じで写真を撮って、それを発信することに集中していて、それが終わったら今度は次に行く店の情報を探しまくっている。だから、すごくきちんと「ありがとうございまーす！」とか言ってくれるんだけど、まさしく「心ここに在らず」で、食べている間もずっとスマホを見ていて、何なら残すことも普通なんです。

で、なるほどって思ったんですよ。**人はふたつの生を同時には生きられない。世界が増えたわけじゃなくて、片方が生きていたら、片方は死んでいる。**今スマホの世界を生きている人って、現実の方が死んでいるんじゃないかって……。

大原 わかる。スマホの世界の楽しみって、本当はリアルに依存していると思うんです。オシャレなカフェの写真だって、今ならＡＩで作ることもできるのに、そうじゃなくて「わざわざリアルなカフェに行った」ってことが彼女たちにとっては大事なわけですよね。だから現実の映えるとこだけを複製した世界みたいな気がする。どんなにスマホの世界に存在したくても、やっぱりまだメインの世界はこっちにあって、同時には存在できないから、いつかは戻ってこないといけないってことですよね。

稲垣 だから、どこかに居場所を作っても世界がふたつには増えないんですよね。現実の、あるいはバーチャルの世界でトラブルを起こして、別のバーチャル世界に移ることは出来るかもしれないけど、でも、世界が増えるわけじゃない。それって地球がダメになったら月に行こう、という発想と一緒だと思う。地球をダメにした人間が月に行っても、月を良くできるわけないじゃん、って話じゃないですか。**どこに逃げても自分が変わらなければトラブルは尽きない。要するに自分からは逃げられないんだなって。**

「今ここ」じゃない場所を求めている人たちにこの本が届くかどうかはわからないけれど、もし読んでくれている人がいたとしたら、私に言えることは、この現実が「クソ」だと思っているかもしれないけど、で、**たぶん本当にクソなことがたくさん起きているとは思**

うんだけど、実はそれはものすごく小さいところしか見ていないからクソにしか見えないだけで、世界は本当はもっとずーっと広い。なのに、どうして小さいところしか見えなくなってるかというと、その最大の原因はたぶん「お金」かもしれない。お金というピンポイントを通してしか世界を見られなくなっている自分自身を変えたらどうなるんだろうって、一瞬でもいいから真剣に想像してみてほしいんです。

こんなおせっかいなことを言うのは実は私自身のためでもあって、この現実世界を生きている私としては、**同じ現実世界を生きている仲間であるみなさんに、この世界を見捨ててほしくない**んです。だって私にはこの世界1コしかないから。そしてたぶん私だけじゃなくて、この1コしかない世界でしか生きられない人はたくさんいるんです。うちの近所のおじいちゃんおばあちゃんとかみんなそうです。その私たちのことを忘れないでほしいんです。今現実に、みなさんの助けや親切を必要としている人がきっと近くにいるはずなんです。**ほんの少しでもいいから、そういう人のことを目に留めてほしい。そうすれば誰かが救われて、それが世界を救うこと、ひいては皆さん自身を救うことにつながっていくんだと私は信じているんですよね。**

大原　僕の方からは、ちょっと答えになってるかわからないんですけど、前に稲垣さんがおっしゃったバーチャル世界の話を聞いて、インスタ女子とは別の角度から思ったことがあって。

現実がなんとなくつまんないからバーチャルに行く、とかいうレベルの話じゃなくて、現実が、それこそ物理的・精神的に自分を傷つけてくるぐらい危険な場所だった場合、バーチャル世界が現実逃避のためのサードプレイスとして切実に必要だっていう気持ちは、すごくわかるなって。

というのも、僕自身が中学生のころに、先輩からけっこうキツイいじめに遭っていて。そのとき、不登校の同級生と友達になって、その子たちが家に避難させてくれたんです。当時の僕にとって、そこだけがこの世界で唯一、安心を感じられる場所でした。

それまでは、「みんな死ねばいい、核ミサイルが飛んできて世界が終わればいい」とか毎日思っていて。自分を傷つけてくる世界に、愛着なんか1ミリも持てなかったんですよ。でも、サードプレイスの友人たちのおかげで、それを取り戻すことが出来た。だから僕がリアルな世界で生きてこられたのは、リアルな世界で誰かに親切にされた経験があったからじゃないかな、と思うんです。

もし若い人が、この世界に愛着を持てないから別の世界に行っちゃって、そのまま帰ってこないんだとしたら、それを若い人だけのせいにするのはちょっと違う気がする。リアルの人間たちが、自分の損得ばっかり考えて親切を捨てていった結果、帰りたくない世界を作ってしまったからっていうのもあるんじゃないかと。だとしたら、それはリアルの人間の怠慢だし、そりゃバーチャルに負けるだろ、と思います。

もちろんリアルな世界で生きていれば、しんどいことっていっぱいありますよ。たとえば引きこもりだって、生まれた時から引きこもってる人なんかいないですよね。外で何かのきっかけがあって、引きこもったに違いない。でも**本当は、引きこもることが敗北なんじゃなくて、誰かが困ってるとき、社会の方に親切が足りてないってことの方が敗北なんだと思う。**

僕たちは運良く、この世界に対する信頼を持つことができたし、自己責任で人生にレバレッジをかけられるくらいのスタート地点に立てたけど、そもそもスタート地点にすら立てなかった人もいる。だったら、誰かがリアルを諦めてしまうことを嘆く前にやることがあるだろう、と。

それはまさに、稲垣さんがおっしゃったように、**「親切」というこの世の最大価値を、リアルな世界でどんどん増やしていくこと**ですよ。困っている人って、お年寄りや障がい者のことだと思われがちですけど、今は若者だって困っているし、自分だっていつか絶対困るんだから。そのときに、この世界が生きるに値する場所だとみんなが信じられるためには、多少おせっかいでも、やっぱり不親切よりは親切を普段からバラまいておいた方が、絶対にいいじゃないですか。そういうふうに、この世界に親切の貯金を積み立てておけば、自分が必要なときにもサッパリした気分で受け取れるはずだから。

で、この本でもさんざん語ってきましたけど、親切って結局、お金じゃないんですよ。お金で出来ることも一部あるけど、お金が無いなら無いなりに、笑顔とかあいさつとか、誰でも出来ることがあって。しかもお金と違って、親切は使っても使っても減らないっていうのがすごいところで。むしろ筋力みたいに、使えば使うほど増えていく。ってことは、あらゆる意味で、やっぱり自分が得してるんですよ。これってお金に勝る財産だと思う。

もちろん、人に親切にするためには、自分が弱っていたり、足りないと思っていては出来ない。無理してやるのも持続可能ではない。だからセルフラブも同時に絶対に必要。じゃあ、その**セルフラブはどこにあるのかといえば、やっぱりお金じゃなくて家事から始まる、**ってことになると思うんです。だから、生きるに値すると思える現実世界を実現するには、まずは自分のために、家をきれいにして、おいしいもん作って食べて、しっかり寝て、元気になったら、どんどん親切をする！　それが自分の力を信じることにつながるし、**その先に、現実世界に対する信頼が待ってるんじゃないかな。**

稲垣　いや、本当に本当にそうですね。今のお話を聞いて、自分の中の、バーチャルな領域が広がっていく今の世界への向き合い方がようやくスッキリした気がします。自分が救われることと、世界の歯車を良い方向に回していくことは同じことで、ならばリアルであれバーチャルであれ、自分にできること、自分のやるべきことはシンプルにひとつなんだって。

夢のある老後を目指して

大原　ちなみに稲垣さんってトークイベントをされるじゃないですか。読者はやっぱり同年代の女性が多い？

稲垣　そうですね。メインは同年代の女性です。

大原　若い人っています？

稲垣　ときどきいます。

大原　友達の間では「変わった人」と言われてるんですかね？

稲垣　どうかな？（笑）ただ、私がどうとかではなく、私がやっていることに憧れたり、いいなって思うという人が、案外多いことにびっくりしています。

大原　でも、それは良いことですよね。

稲垣　良いことです。だって一昔前の憧れって、豪邸に住んで、洋服いっぱい持って、というそれ一択だったじゃないですか。でも、そうじゃなくて小さい家で、モノもほとんど持たず、冷蔵庫も無く暮らしてますすってやり方に憧れます、って人もそこそこいるって、すごい変化ですよね。どの道が正しいとか間違ってるってことじゃなく、道がひとつじゃないって、やっぱり安心のモトだと思う。それだけ今の世の中が行き詰まってるとも言えますが。

大原 ちょっと前のミニマリストブームも、追い風になってるかもしれないですね。僕らはミニマリストではないけど。**僕と稲垣さんは、いわゆる一般的なミニマリストじゃなくて、欲望がミニマルなだけなんだと思う。**

稲垣 「いわゆる一般的なミニマリスト」って、欲があるんですか？

大原 そうだと思います。「選択と集中」と彼らはよく言っていますけど。無駄なものをそぎ落として、余ったリソースを本当に欲しいものに充てる、ということらしいです。YouTubeとか見てると、機能性の良いお掃除ロボットとか、機能性の良い布団とかオススメしてますね。

稲垣 なるほど。効率化。案外クラシックなことを言ってるんですね。

私はミニマリストに詳しくないですけど、よくおばあさんで「年金暮らしで幸せ」みたいな人が本を出したりしてるじゃないですか。私って、ああいう人とはかなり似ている気がします。

大原 小さな暮らしで満足しているって意味では、行きつくところは同じかもしれないですね。

稲垣　私、いちおう、目安としては……国民年金って6万円台ですよね？

大原　現在はそう。

稲垣　だから、月6万円で幸せに暮らせるようになれば日本国民としては絶対安心じゃんと思っていて。

で、さっき気づいたんですけど、月6万円って、年収90万円とかなり近いですよね。扁理さんはそれを東京でやったわけですけど、田舎に暮らすことも視野に入れれば、工夫次第であれこれバリエーションのある暮らしができそうです。で、そのために今から出来ることはたくさんあって、それこそ今は空家時代なんだから、老後田舎に住むかもしれないから地方に友達を作っておこう、とか、D.I.Y.ができれば古い空家で暮らせるかもしれないから友達が家をD.I.Y.でリフォームしていたら、押しかけて手伝わせてもらおうとか……。**老後2千万円で悩むより、そっちの発想の方がずっと楽しい。**

大原　その方が自分の勉強にもなる。

稲垣　感謝されて、自分の生きる力もスキルアップして。お金以外の発想をイキイキさせれば、知恵と工夫でどんなふうにでも人生設計できる。

大原　今の話を聞いていて思ったんですけど、結局ＦＩＲＥを目指す人たちがやっていることって、早めに個人年金をやっているだけで。それを個人でやるか政府がやるかの違いだけで、ベーシックインカムみたいなもんですね。

稲垣 確かにそうですね。年金は老人のベーシックインカム。そう考えると、月6万円ってすごくリアリティのある数字だと思います。現代人が月6万円で生活できるかって言われたらほとんどの人が「絶対無理！」って言うと思うけど、そこも良くて、無理なことを頑張ってやれば発想が変わるから、必ずいろんなことが見えてくる。人間関係が増えたり、自分の狭い考え方が変わったり。ある種の冒険ですよね。すごく夢のある老後対策じゃないですか。老後のお金が心配だから定年延長して、会社に居づらいながらも居て……ってやりたくなる気持ちはわかるけど、**それだけだとやっぱりお金の不安はどこまでも付き纏うと思うんです。それより、自分が変わること、お金以外のスキルを身につけることで本当の安心が得られるはず。**

大原 そう考えると、それができる体力のあるうちに、つまり稲垣さんのように50歳で早期退職するのって、すごく現実的な老後対策になるかもしれないですよね。

もし自分の親がちょっと早めに退職して、地域にコミュニティをしっかり作っていたら、僕、介護のために実家に戻らなくて良かったのかな。うちの親、本当に友達いない、地域の交流もない、仕事ばっかりしてきて……。

稲垣 今のお年寄りは世代的にそういう人が多いんじゃないかな。

大原　自分が元気なうちはそれでいいけどさ、元気じゃなくなったとき、本人も大変だけど、周りもすごく大変で。

稲垣　でも元気な時はそこまで発想が及ばないんだと思う。誰でも歳を取るって初めての経験だから。だから**親の老いを身近に見ることって、すごくかけがえのない勉強でもあるんですよね。いつか死ぬとか、いつか歳取って動けなくなるっていうことを自分もそうなるんだなと思うと、いろんなアイデアをめっちゃ思いつくんです。**

大原　たしかに。稲垣さんが次に書く本の内容が浮かぶ話ですね。それ、本当に書いてほしい。

稲垣　私が今考えているのは、前にもちょっと言いましたけど、「赤の他人に親孝行」っていうのがいいと思うんですよね。親子関係ってやっぱりすごく難しくて、私も父の家に行くと、同じ話ばっかりされるとかでどうしてもイライラするんですよ。でもこれが、銭湯で会うおばあちゃんの話だったら同じ話でも何度でもニコニコと相槌を打てる。そうするとおばあちゃんが喜んでくれるから、むしろこっちが嬉しいんですよ。全然嫌じゃない。

　やっぱり親子って、お互い期待値が高いからマイナス評価になりがちなんですよね。だからみんながそういうふうに、赤の他人のお年寄りに親切にすれば回り回って親孝行になるといいなーって。だってうちの父に、近所に私みたいに何気なく立ち話ができるような人が何人かいたら、それって父も絶対ハッピーだと思うんですよね。そんなふうに世の中全体がなれば、一人暮らしの私の老後もきっと大丈夫なんじゃないかと思って、**せっせと「他人に親孝行活動」してる感じがあります。**

大原 それ、めっちゃいい話ですね。たしかによそのお年寄りにはやさしく出来る。僕、東京の郊外に住んでいたときに、国立駅南口のナジャって喫茶店によく行っていたんです。今はもう閉店してるんですけど。そのナジャに、いっつもおばあちゃんがいて。そのおばあちゃん、90歳すぎて一人暮らしだったんです。だから、なんとなく喋るようになって「何か僕に手伝えることがあれば、ここに電話してくださいね」って、自然に電話番号を交換していたんです。かかってくることはなかったけど。そういう人が何人かいて、それがあのおばあちゃんの日々のお守りみたいになってたらいいな、と。今それを思い出しました。

稲垣 それそれ！　だから、やっぱり行きつけの喫茶店と銭湯、あと居酒屋が必要なんですよ。それがあると無いとでは大違い。

大原 それくらいなら誰でも出来ますしね。

稲垣 出来ます。**別に会社を辞めなくたって、今すぐ出来る。**

大原 というわけで、みなさんそこからやっていきましょう！

おわりに ～FIREを超えてゆけ～

毎回、自分の体験をネタにした本を一冊書き終わるたびに、「もう書くことは何もない」と思います。それは、いま出せるものは全部出し切ったという証拠でもあるので、私にとってはそれが現時点でのベストを尽くしたことの目印になっていました。しかし何冊か書いていくうちに、どんなに「もう書くことは何もない」と思っても、そのうちに必ず書きたいことが出てくる。どうやらそういうもんらしい、というのもまた体験として知ったことです。

ところが前著（『フッーに方丈記』）を書き終わってから、翻訳作業を別にすれば、もう今度こそ本当に、自分について書くことはなくなった。実際しばらく何もせずに過ごしていても、やっぱり出てこない。ま、書くことないならしょうがないんで他のことでもするか、と思っていたのでした。

そんなある日、ご縁をいただきまして、アフロでおなじみ・稲垣えみ子さんと対談本を作ることになりました。書くんじゃなくて、しゃべるのならできるかも！　私にとって初めての体験です。

第一印象は単純に「楽しそう」。そして実際、楽しかった。担当編集の北尾さんによれば、対談本というのは一般的に、2時間くらいを何度か行うそうなのですが、稲垣さんと私の場合は4時間超え×3回。そして毎回、時間があっという間に過ぎてしまう。最初の顔合わせも含めれば、合計16時間以上しゃべり倒したことになります。で、ここまで読んでいただいたのが、その成果物です。

……と書けば、万事順調に聞こえますが。

お相手は、各種メディアや講演などで、話すことにかけては百戦錬磨の稲垣さん。いっぽう、あまりリアルで人前に出て話す機会がない、というか緊張するのでできるだけそういう仕事は断ってきた、話し下手な私。いざ対談となったとき、あまりにも稲垣さんのお話が面白く、また「働く」ことや「お金」について圧倒的な経験値の差を感じ、私はついついリスナーに徹してしまう場面が何度もありました。話すのって意外と難しい……!!

そんなわけで、書き起こした原稿を読みながら、正直、焦りました。私が合いの手しか入れられていない箇所や、稲垣さんの本質的な問いにじゅうぶんに答えられていない部分がかなりある。対談になっていない。それで、赤入れの段階でウンウン考えて、大幅に加筆させていただいたことを、ここに告白しておきます。

しかし同時に、稲垣さんとの対話はまさに、「先達はあらまほしき事なり」。これから「老い」を経験していく私にとって、こんなふうに生きていけばいいんだと知ることは、たいへん貴重な時間でもありました。

ものの見方、問いの立て方、自分自身を実験台にして確かめ、ひとつ何かを知ったときの新鮮な驚き、それを表現するワーディングのセンス、そしてからっと爽やかなユーモア。改稿のやりとりを重ねるにしたがって、ぐんぐん内容が深まっていき、稲垣さんのきらめく言葉たちはさらに磨かれ、それを書き言葉で必死に打ち返し、というう作業をくり返すうちに、私の焦りはだんだん、「早く次の原稿が読みたい!」というワクワクへと変わっていきました。

私の必死の応答が稲垣さんの金言を磨き、欲を言えば、このふたりにしかできない話を少しでも引き出せていたとしたら、慣れない作業をやった甲斐があったってものです。

さて、内容に移ります。

テーマは昨今話題のライフスタイル・ＦＩＲＥです。それをキーワードに、稲垣さんと私はそれぞれ疑問をぶつけていき、こうしたライフスタイルが支持される社会背景を考察し、まったく違うルートでＦＩＲＥを達成した自分たちの体験をまじえて、定義をぐいぐい広げ、新しい解釈を試みています。そしてＦＩＲＥ後の生活が、実際どんなに地味であるか。ふたりとも、高齢の親を持つ身ということもあり、介護についての話題も多くなりました。

でも振り返ってみると、ＦＩＲＥがとっかかりになってはいますが、結局はＦＩＲＥというよりも「私たちはどう生きるか」の話だったと思います。ていうか、ホントはみんな、そっちの方が知りたいんですよね。生き方を追究するひとつの方法として、ＦＩＲＥがあるだけで。

で、稲垣さんと私のたどり着いた結論が、まさかのコレ。

「人に親切にしよう。それがより良い世界を作っていく」

もはやFIREするしないも関係ないところに着地！

隠居する前の私だったら、ずっこけたでしょう。ここまで数百ページも読んできて、ともすればこんなに手垢のついた、言い尽くされた結論にたどりつくなんて、肩すかしもいいところだと思ったに違いありません。そんなのただの理想論じゃん！　と。

でも今の私には理想論どころか、これ以上ないリアリズムのように思えるのです。それはきっと私自身が、より良い生き方を求めてトライ&エラーをくり返すなかで、お金の損得でしかこの世界をジャッジできない自分を卒業することができたから。幸せをお金に頼らない自分になれたから。それはとりもなおさず、私が自分の足で立ち、世界への信頼を獲得できたからです。

ここまで読んでくださった方には、それぞれのFIREを達成して終わりにしてほしくありません。一度流行ったものは、いつか必ず廃れます。時代に呼応した新しいライフスタイルが、その都度、キャッチーな名前を冠せられて提案されるでしょう。そのとき、与えられた言葉の意味をそのままインストールしてしまうのではなく、自分の力で解体・更新して最適解を出し続けていくこと。それが、これからの時代を生きる私たちに切実に必要な能力だと思います。ぜひともそれを身につけ、FIREを超えていってください。

願わくばこの本が、既存のFIREの限界を取っ払い、自分の幸せと世界の幸せが両立する、より良い世界を作っていくためのきっかけになりますように。

もし今回の対談を読んで、そういう世界っていいなと共感してもらえたら、ぜひ何かひとつ、小さな親切から実行に移してみてください。目の前で少しだけ世界が良い方に変わるのを、目撃してください。私も今いる場所で、それを続けていきます。そしていつかリアルな世界でお会いできたときには、「お互いよくここまでがんばってきたよね」って励まし合いましょう。

最後になりましたが、貴重なお話をたくさんシェアしてくださった稲垣えみ子さん、担当編集の北尾修一さん、デザイナーさん、イラストレーターさん、校正さん、印刷会社さん、流通会社さん、書店員さん、そして読んでくださったあなたに、感謝を申し上げます。いつもありがとうございます！

分断と無関心に満ちた厳しい世界を、みんなで一緒に、なるべく楽しく、乗り越えていきましょうね。

大原扁理

稲垣えみ子（いながき・えみこ）

1965年生まれ。元朝日新聞記者。原発事故後に始めた「超節電生活」や、50歳で会社を早期退職したことを機に、都内の築50年のワンルームマンションで、「夫なし、子なし、冷蔵庫なし、ガス契約なし」の楽しく閉じていく人生を模索中。著書に『魂の退社』『寂しい生活』『もうレシピ本はいらない』『人生はどこでもドア』『老後とピアノ』『家事か地獄か』など。

大原扁理（おおはら・へんり）

1985年愛知県生まれ。25歳のとき、東京郊外で週休5日・年収90万円の隠居生活を始め、思いがけずＦＩＲＥを達成。31歳で台湾に移住し、隠居生活を続ける。現在はコロナ禍とともにはじまった親の介護のため愛知県在住、ときどき台湾。著書は『フツーに方丈記』『隠居生活10年目　不安は9割捨てました』『いま、台湾で隠居してます』など多数。

シン・ファイヤー

二〇二四年　七月一七日　初版発行

著者
稲垣えみ子、大原扁理

発行者
北尾修一

発行所
株式会社百万年書房
〒一五〇-〇〇〇二　東京都渋谷区渋谷三-二六-一七-三〇一
電話：〇八〇-三五七八-三五〇二　http://www.millionyearsbookstore.com

装画
千野エー

装丁
木庭貴信＋角倉織音（オクターヴ）

編集補助
田中理那

印刷・製本
株式会社シナノ

ISBN978-4-910053-51-6